YE YONGLIE KEPU DIANCANG

叶永烈科普典藏

尹传红 主编

科学王国漫步

叶永烈◎著

长江出版传媒 | 湖北教育出版社

图书在版编目（CIP）数据

科学王国漫步 / 叶永烈著 ； 尹传红主编. -- 武汉 ： 湖北教育出版社，2023.4
（叶永烈科普典藏）
ISBN 978-7-5564-4794-7

Ⅰ. ①科… Ⅱ. ①叶… ②尹… Ⅲ. ①科学知识－青少年读物 Ⅳ. ①Z228.2

中国国家版本馆CIP数据核字(2023)第060531号

科学王国漫步 KEXUE WANGGUO MANBU

出品人 方 平
责任编辑 胡 源　　责任校对 李庆华
封面设计 牛 红　　责任督印 刘牧原

出版发行 长江出版传媒 430070 武汉市雄楚大道 268 号
湖北教育出版社 430070 武汉市雄楚大道 268 号
经 销 新 华 书 店
网 址 http://www.hbedup.com
印 刷 武汉中远印务有限公司
地 址 武汉市黄陂区横店街货场路粮库院内
开 本 710mm×1000mm 1/16
印 张 8.5
字 数 110 千字
版 次 2023 年 4 月第 1 版
印 次 2023 年 4 月第 1 次印刷
书 号 ISBN 978-7-5564-4794-7
定 价 28.00 元

总　序

在中国的科普、科幻界，叶永烈先生（1940—2020）曾经是一个风格独特、广受瞩目的“主力队员”；在当今的纪实文学领域，他又是一位成就卓著、声名显赫的重量级作家。他才华横溢、兴趣广泛、勤奋高产，一生创作出版了300余部作品，累计3500多万字。

在科普创作方面，叶永烈有着特别引人瞩目的一个身份和成就：他是新中国几代青少年的科学启蒙读物、中国原创科普图书的著名品牌《十万个为什么》第一版最年轻且写得最多的作者，还是从第一版写到第六版《十万个为什么》的唯一作者。

我们这一两代人几乎都存有一段温馨的记忆：在20世纪70年代末80年代初，改革开放伊始，当“科学的春天”到来之时，“叶永烈”这个名字伴随着他创作的诸多题材不同、脍炙人口的科普文章频频出现在全国报刊上，一本接一本的科普图书纷纷亮相于新华书店，而越来越为人们所熟知。他成了中国科普界继高士其之后的一颗耀眼的明星。差不多与此同时，叶永烈的科幻处女作《小灵通漫游未来》一面世即风行全国，成了超级畅销书，各种版本的总印数达到了

300万册之巨，创造了中国科幻小说的一个纪录。

叶永烈给我本人留下的最深切的记忆是1979年春，那年我11岁，第一次读到《小灵通漫游未来》，心潮澎湃，对未来充满期待。那一时期，每个月当中的某几天，在父亲下班回到家时，我总要急切地问一句："《少年科学》来了没有？"盼着的就是能够尽早一睹杂志上连载的叶永烈科幻小说。

那时我还常常从许多报刊上读到叶永烈脍炙人口的科学小品，从中汲取了大量的科学营养。随后，我又爱上了自美国引进的阿西莫夫著作。品读他们撰写的优秀科普、科幻作品，我真切感受到了读书、求知的快慰，思考、钻研问题的乐趣，同时也爱上了科学，爱上了写作。那段心有所寄、热切期盼读到他们作品的美好时光，令我终生难忘。

作为科普大家的叶永烈，自11岁起在报纸上发表小诗，在大学时代就开始了科普创作，其科普创作生涯一直延续到中年，即从20世纪50年代末至80年代初。

几十年间，叶永烈创作的为数众多的科学小品、科学杂文、科学童话、科学相声、科学诗、科学寓言等，几乎涉足了科普创作所有的品种，并且成就斐然。他的作品，曾经入选各种版本语文教材的，就达30多篇。

值得一提的是，叶永烈首先提出并创立了科学杂文、科学童话、科学寓言三种科学文艺体裁，并在1979年出版了中国第一部较有系统的、讲述科学文艺创作理论的书——《论科学文艺》；在1980年出版了中国第一本科学杂文集《为科学而献身》；在1982年出版了中国

第一本科学童话集《蹦蹦跳先生》；在 1983 年出版了中国第一本科学寓言集《侦探与小偷》。他提出的这三种科学文艺体裁在科普界很快就有了响应，尤其是科学寓言，已经成为寓言创作中得到公认的新品种。

在科普创作方面，叶永烈受苏联著名科普作家伊林的影响很深。伊林有句名言："没有枯燥的科学，只有乏味的叙述。"叶永烈也打过一个形象的比方：科普作家的作用就是一个变电站，把从发电厂发出来的高压电，转化成千千万万家庭都能用上的 220 伏的低压电。他认为学习自然科学是对人的逻辑思维的严格训练，而文学讲究形象思维；文、理是相辅相成并且渐进融合的，现代人都应该对文、理有所了解。

叶永烈与伊林一样，都惯于用形象化的故事来阐明艰涩的理论，能够简单明白地讲述复杂现象和深奥事物。在他们的笔下，文学与科学相融，是那般美妙。阅读他们的作品，犹如春风拂面，倍觉清爽；又好像有汩汩甘露，于不知不觉中流入了心田。他们打破了文艺书和通俗科学中间的明显界限，因此他们写成的东西，都是有文学价值的通俗科学书。

叶永烈曾经这样评述自己的创作人生："我不属于那种因一部作品一炮而红的作家，这样的作家如同一堆干草，火势很猛，四座皆惊，但是很快就熄灭了。我属于'煤球炉'式的作家，点火之后火力慢慢上来，持续很长很长的时间。我从 11 岁点起文学之火，一直持续燃烧到 60 年后的今天。"

叶永烈把作品看成凝固了的时间、凝固了的生命。他说他的一生

“将凝固在那密密麻麻的方块汉字长蛇阵之中”，又道：“生命不止，创作不已。”2015 年 10 月，正当叶永烈全身心投入 1400 多万字的《叶永烈科普全集》的校对工作时，他偷闲饱含深情地写下了一段感言，通过电子邮件发送给我。在我看来，这恰是他对自己辉煌创作生涯的一个非常精彩的总结：

韶光易逝，青春不再。有人选择了在战火纷飞中冲锋陷阵，有人选择了在商海波涛中叱咤风云，有人选择了在官场台阶上拾级而上，有人选择了在银幕荧屏上绽放光芒。平平淡淡总是真，我选择了在书房默默耕耘。我近乎孤独地终日坐在冷板凳上，把人生的思考，铸成一篇篇文章。没有豪言壮语，未曾惊世骇俗，真水无香，而文章千古长在。

今天，我们推出“叶永烈科普典藏”系列，一方面是表达对这位杰出的科普大家的追思、缅怀和致敬，一方面也意在为科普创作留存一些有益的借鉴；同时也期望借此为广大读者朋友，尤其是青少年学生的科学阅读，提供一份丰盛而有益的精神食粮。

是为序。

尹传红

（中国科普作家协会副理事长，《科普时报》原总编辑）

目录
CONTENTS

镜子小史

镜子，该算是你的老朋友了。每天清晨，当你刷完牙，洗完脸，总是习惯地走到镜子前面，梳梳头，整整衣服，系好红领巾。

然而，你可曾知道你这位老朋友的“履历”吗？哈，镜子有着一段十分有趣的历史。最早的镜子，自然就是水面了。在古代，人们便常常趴在河边或者水塘旁，对着水面，照照自己的脸究竟是什么样子。不过，这样的镜子，风一起，“吹皱一池春水”，水波粼粼，便什么都看不清楚了。

不久，人们便发明了青铜镜。

中国古代的青铜镜，是十分著名的，已有几千年的历史。那时不仅在国内普遍使用，而且还运往日本、朝鲜等国呢。唐太宗李世民有句名言：“人以铜为镜，可以正衣冠；以古为镜，可以见兴替；以人为镜，可以知得失。”这里所说的“以铜为镜”，便是指的青铜镜。唐朝诗人李商隐《无题》诗中的“晓镜但愁云鬓改”、《木兰辞》里的“当窗理云鬓，对镜贴花黄”等诗句中所说的“镜”，也是指青铜镜。唐朝时，街头巷尾常常有叫喊“磨镜呀，磨镜呀”的工匠，专门用磨石替人家磨青铜镜。

埃及也很早就有青铜镜了。有趣的是，古埃及的炼金术士用“♀”这个符号来表示铜，其实，“♀”便是青铜镜的象征。

此外，欧洲人在古代曾制造过银镜，而俄国人还制造过钢镜。

然而，青铜镜毕竟太晦暗，银镜太贵，钢镜又太容易生锈。

现在，人们所用的镜子，都是又亮又便宜又不会生锈的玻璃镜。

世界上第一面玻璃镜，是在“玻璃王国”——威尼斯诞生的。在历史上，威尼斯长时间是世界上玻璃工业的中心。最初，威尼斯人是用水银（汞）来制造玻璃镜。就是先在玻璃上紧贴一张锡箔，然后再倒上水银。因为水银能够很好地溶解锡，变成一种黏稠的银白色液体——锡汞齐。这种锡汞齐能够紧紧地粘在玻璃上，成为一面镜子。

威尼斯的镜子轰动了欧洲，成为一种非常时髦的东西。欧洲的王公贵族、阔佬显要们都争先恐后地去抢购镜子。法国王后玛丽·德·美第西斯结婚的时候，威尼斯国王送了一面小小的玻璃镜给她作为贺礼——现在看来，一个国家只送一面小镜子作贺礼，未免显得太寒碜；然而在当时，这却是非常珍贵的礼物。它的价值高达 15 万法郎！

制造镜子的方法，在威尼斯是保密的。他们制定了这样的法律：谁要是把制造玻璃镜的秘密泄露给外国人，立即就要处以死刑。而且，他们还更进一步把所有的镜子工厂，都搬到木兰诺孤岛上去。孤岛，处于严密的封锁之中。这样，威尼斯就垄断了世界上镜子的生产，法国的金钱，便不断地流到威尼斯的口袋里。

“这样下去可不行啊！”法国的达官贵人们都这样嘀咕着。不久，驻威尼斯的法国大使突然收到了一封来自巴黎的密信，叫他想一切办法，从速收买几个威尼斯镜子技师，偷运到法国去。法国大使费尽心机，总算完成了使命。1666 年，法国的诺曼底出现了法国的第一个镜子工厂。

然而，制造水银镜子太费事了，要花一个多月的工夫才能做出来，况且，水银又有毒，镜面也不算太亮。于是，100 多年前，德国化学家李比希发明了镀银的玻璃镜。

玻璃镜上的这层银，不是靠电镀上去的，而是利用一个特殊而有趣的化学反应——“银镜反应”镀上去的。银镜反应很有意思：如果你在试管里倒进一些硝酸银溶液，再加些氢氧化铵和氢氧化钠，最后倒进点葡萄糖或者甲醛溶液，你就会看见一件奇怪的事情发生了——原先清澈透明的玻璃试管，忽然变得银光闪闪了。

原来，这是一场化学反应，葡萄糖和甲醛都是还原剂，具有还原本领，能够把硝酸银里的银离子还原变成金属银，析出在玻璃壁上。

在镜子工厂里，就是利用这个银镜反应来制造镜子。可是在 100 多年前，人们刚刚开始利用银镜反应制造镜子时，却费了好大的劲哩！因为那时制造出来的镜子，简直像块花鹿皮似的：玻璃上银层不均匀，东一块，西一块，有的地方有银，有的地方却一点儿也没有，镜面不能很好地照出人的脸。

这是什么原因呢？在那时，这是镜子制造业中的一个秘密，镜匠决不轻易地把这秘密告诉别人。现在，这早成了公开的秘密了——关键在于制镜的玻璃是不是洗得干净。如果玻璃上有一丁点儿油污，银就镀不上去，或者镀得不牢固。现在，在镜子工厂里，人们总是用热的浓硫酸和重铬酸钾液（俗称“洗液”）仔仔细细地冲洗玻璃，然后又用蒸馏水、酒精三番五次地冲洗。直到洗得干干净净了，这才拿去镀银。

用来做镜子的玻璃，还必须非常平滑。镜面不平，你对着它一照，哈哈，脸歪歪扭扭的，一副怪模样。哈哈镜就是用凹面的或者凸面的玻璃做的。为了使镜子耐用，通常在镀银之后，还在后面刷上一层红色的保护漆。

这样，银层更加不易剥落了。

一般的玻璃镜上，银层是够薄的了。后来，人们又制成一种新式的镜子——它的银层更薄，从它的一面看去是镜子，从另一面看去却是透明的玻璃。把这种镜子装在窗户、汽车上，从里向外看，可以看见窗外的一切；从外向里看，却看不见什么，只见一面面银光闪闪的镜子。另外，用这种镜子制造眼镜，夏天戴着可以减少强烈光线的刺激，能保护眼睛。

镜子，从水面，到青铜镜、银镜、钢镜，到镀水银的玻璃镜和镀银的玻璃镜，这算不算已是登峰造极、十全十美了呢？不！科学家们又在试制一种镀铝的玻璃镜，这样的镜子将比镀银的镜子更便宜、更耐用、更明亮。此外，人们还用金子、铝合金及其他金属制成黄色、玫瑰红色、蓝色、绿色的彩色镜子。科学技术在不断向前发展，镜子的历史也正在书写着崭新的一页。

我热爱镜子，我赞美镜子，因为镜子永远是那样忠实，毫不隐瞒地告诉你，你的脸上有没有污斑。

雕栏玉砌仍在

金水河、白玉桥、朱门红墙、黄琉璃瓦……每当我漫步在北京故宫，仿佛沉醉在美的享受之中。雕栏玉砌，古色古香，那样富丽堂皇，那样气魄宏大，处处闪耀着东方色彩的美。然而，在一位友人的陪同下，我对故宫进行了一次不平常的参观，使我为它——“国之瑰宝”担忧万分：我们来到雄伟壮丽的太和殿前，细细端详着南面的汉白玉栏杆。友人拿出一沓照片，那是1925年在这里拍摄的。照片上龙飞凤舞，那些浮雕栩栩如生、棱角清晰、线条分明；眼前的栏杆上，浮雕平秃、图像模糊。

我们又来到金水河上的白玉桥，那栏杆上的浮雕不知被谁抹平了棱角，有的甚至成了光板。是谁？是谁在破坏我们的珍宝？是游人吗？不，不，汉白玉洁白如雪，这说明游人们是爱护国宝的，谁都没有伸手去摸。我们的人民爱美，像爱护眼珠一样爱护故宫。

友人告诉我，那破坏者无影无踪。尽管故宫门口挂着“国家重点保护文物”那样庄严的牌子，它却置若罔闻，视而不见，甚至越墙而入，或者从天而降！

它是谁？是谁？

它是混杂在空气中的二氧化硫！

二氧化硫是汉白玉的灾星：汉白玉的化学成分是碳酸钙，最怕酸。如果把它放进酸里，一会儿就化为乌有，被整个儿吞掉！二氧化硫呢？它是一种酸性气体，一旦溶在雨水里，就成了亚硫酸。那雨便成了酸雨。酸雨吹淋着汉白玉栏杆、石狮、华表，天长日久，仿佛人们口里含着的糖块，慢慢被溶化了。

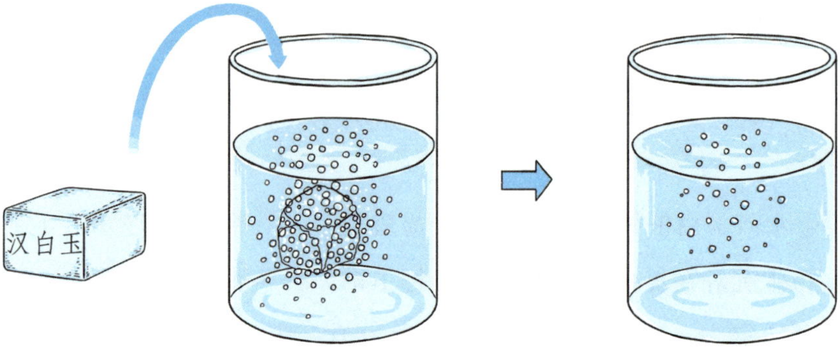

东方色彩的古典美，就这样被二氧化硫恣意践踏！

为了追查凶手来自何方，友人带我驱车前往北京东南郊。那里烟囱像森林，一大批工厂拔地而起。大建设当然是大好事，然而，大好事也带来了隐患：有工厂，就得有能源，不论烧煤、烧油，由于煤和燃料油中大都含硫，燃烧时变成二氧化硫，污染空气。尽管家家工厂都砌了高烟囱，但是“高烟囱政策”未必是高招。那些二氧化硫从高烟囱里爬出来，虽然离地面已有一二百米，可是一旦溶在雨水中，就又回到地面！尤其是北京夏季多雨，还偏偏常刮东南风，于是工厂区上空的二氧化硫被吹往市中心。酸雨降落在故宫，无情地侵蚀着我们的国宝，同时也威胁着其他建筑物，锈蚀着金属制品，损害着人民的健康。俊美的首都，面临着酸雨的侵袭，怎不使我忧心忡忡？要知道，人民英雄纪念碑也是用汉白玉雕刻而成；人民大会堂那华丽的巨柱是用大理石砌成的，大理石跟汉白玉一样不耐酸……

从那以后，我每一次去北京，都要给那位友人挂电话，问起酸雨的威胁……

几年之后，我在北京，从电话机里传出友人欣喜的话音：“我们正在击败酸雨！”原来，首都人民直捣黄龙，向二氧化硫的老巢进击：各家工厂逐渐重视保护环境，采取燃料脱硫、烟气脱硫等措施，“逮捕”二氧化硫，不让它污染首都空气。

立交桥、高层建筑、镜面大厦……在崭新的现代化建筑簇拥中的故宫，越发显得古朴雅致，越发显得俊美无比。

故宫空气清新、绿树蓊郁，古代文明在现代科学技术的保护下，正在大放异彩，美不胜收。

万绿丛中一点红

1980年盛夏，当彭加木在新疆罗布泊失踪的消息传来后，我马上赶往那里参加了搜救工作。我坐在直升机上，飞行在出事地点库木库都克上空，唯见黄沙漫漫，无际无涯，就连“大漠孤烟直”那“孤烟”也从未出现在我的眼帘之中。

一次又一次飞行搜索，毫无所获。空军出动了30多架次飞机，飞行时间达100多个小时，未见彭加木踪迹。记得，在飞机上，一位空军战士感叹地对我说：“彭加木穿的是一件洗得发白的蓝劳动布工作服，在沙漠里不容易被发现。按规定，进沙漠考察，应当穿红色工作服。如果他穿红色工作服，飞机就用不着这样一次次寻找了……”他的话给我留下很深的印象。

“万绿丛中一点红”，极易引起人们的注意。“红”虽“一点”，为什么在“万绿丛中”显得格外醒目呢？

这是因为红、绿、蓝是光的三原色，而原色给人眼的感觉最为鲜明——大自然中五彩缤纷，都是三原色以不同比例混合而形成的。人眼能够辨别颜色，是由于具备红、绿、蓝三种感色单元。不同的颜色给这三种感色单元以不同程度的刺激，于是人眼能分辨五光十色。而“一点红”只是使人眼中的一种感色单元受到刺激，且这种刺激又格外强烈，所以产生的视感最为鲜明。仅仅本身色彩鲜明还不够，“一点红”落入“红海洋”便难以寻觅，必须加大与背景色彩之间的色反差。美国人卢基，是一位广告专家，他为了突出广告中的主要图像和文字，曾做了一系列色反差实验。他发现，就红色而言，白底红色的色反差最为强烈，其次为黄底红色、绿底红色、蓝底红色。

正因为这样，攀登珠峰、南极探险，人们身穿红衣。白色的救护车上漆着红十字——白底红色。

也正因为这样，沙漠考察、江河探险，要穿红色衣服——黄底红色、绿底红色。

至于我国人造地球卫星的回收舱漆成红色，那同样是为了在落入海洋中便于识别——蓝底红色。

化学中的“化”

我在北京大学念了六年化学。很多朋友问我，你怎么看化学？

在我看来，化学这个“化”字，可以说是变幻莫测，微妙之极。化学的精髓，也就在于“化”。

化，即变化。变化有两种——物理变化和化学变化。

溶化，熔化，属于物理变化，却又常常是化学变化的前奏曲。溶化，是用溶剂冲散了固体那“固执”的阵营；熔化，则是用热征服固态，使之转化为液态。变成溶液、熔成液态，增多了化学反应时分子接触的机会，因而大大加快了化学反应的进行。正因为如此，多数化学反应总是在溶液中进行，或者在熔融状态之中发生。

化学变化才是真正的“化”。那是一种质的变化——质变。用化合，用分解，用置换；用氧化，用还原；用电解，用水解；用酸化，用氢化，用氯化，用硫化……化学，用变化无穷的手法，把空气化为氮肥；把煤、石油化为合成纤维、塑料；把煤焦油化为香料、染料、药剂；把黏土化为红宝石、化为银闪闪的铝；把海水化为溴和碘……

化学，化废为宝，化丑为美，化害为利，化腐朽为神奇——这一切的一切，都离不了“化”。化学不是魔术师，不靠障眼法以假弄真；化学又是魔术师，它用实实在在的化学变化，创造人间奇迹。传说仙人有所谓点石成金的手指头，然而，传说仅仅是传说，谁也未曾亲眼见过。化学家却真的有着点石成金的手指头。化学家的手指头指向哪里，哪里就会出现不可思议的奇迹。

化学是研究物质的组成、结构、性质及其变化规律的科学。有人说化学难学，变化莫测。不，物质的一切变化都有规律可循，而这规律就是化学。一旦掌握了化学，你就会成为大自然的主人。化学的奥妙在于“化”，学习化学的关键也在于“化”：

学懂化学的基本概念，化抽象为具体；
学会化学方程式，化不平衡为平衡；
掌握化学元素周期律，化凌乱为系统；
学习“无机”和“有机”，化陌生为熟悉；
…………

化学并非变化莫测。学习化学，就是为了变化“有”测，懂得化学的变化规律。

化学并非高深莫测。石蕊变色、锌片在酸中“生气”、石灰水在空气中变浊、氢气在氧气中燃烧……一切都是可见可闻的，实实在在的。

化学更非枯燥莫测。一切的“化”，都是那般有声有色，那般富有趣味，那般引人入迷。一旦步入化学之门，你就会“化”为“化学迷”！

古人曾云：“化不可代，时不可违。”那时所说的“化”，指造化。如今，可以赋予古语以新意，这“化”就是化学！是的，“化不可代”，化学已成为中学生的必修课，成为“数理化”这“三强”之一。

化工厂里的芙蓉鸟

有一次，我来到化工厂，只见反应塔林立、管道密布，然而，在这样的地方，居然传来了婉转的鸟叫声。我循声寻找，看到一个车间的窗口挂着鸟笼，笼里养着小巧玲珑的芙蓉鸟。它长着淡黄色的羽毛、肉红色的嘴和长长的尾巴，正活泼地跳上跳下。

化工厂不是动物园，干吗养鸟呢？工人师傅笑着告诉我，这芙蓉鸟，是一盏活的"安全灯"哩！原来，在化工厂生产过程中，常常产生一些有毒的气体，如氯化氢、二氧化硫、硫化氢、氨、一氧化碳、氯气等。一般来说，化工厂里的原料、产品都是用密闭的管道运输，化学反应是在密闭的反应釜、反应塔内进行，有毒的气体是不会跑到大气中去的。可是，化工设备天长日久容易被腐蚀，偶尔会有些有毒气体漏出。这些有毒气体又往往有这样的特点：人吸进去，容易在不知不觉中中毒。比如，你掏大粪，一开始觉得很臭，过了不久，便觉得不怎么臭了。这是因为大粪中含有硫化氢等臭气，会使嗅觉神经麻痹，以致"入鲍鱼之肆，久而不闻其臭"。

然而，有些动物对有毒气体很敏感，芙蓉鸟就是其中一种。当空气中有微量的有毒气体，芙蓉鸟就会变得烦躁不安；有毒气体稍微多一些，它就会昏迷甚至死亡。正因为这样，它成了一盏活的"安全灯"：一旦有毒气逸出，它就会不断跳上跳下，不断地叫唤，发出讯号，提醒工人师傅们。

在北方，冬天时常把菜堆放在菜窖里。菜在贮藏过程中不断呼吸，不断排出二氧化碳，而二氧化碳比空气重，日积月累，往往在菜窖底部积了一层二氧化碳。人一进到窖底，容易因窒息而昏迷。为了防止意外，人们进菜窖时也常提个鸟笼，让鸟笼位于人的前下方。人慢慢往下走，如果鸟儿突然开始乱蹦乱跳，人们就会停下来，马上采取通风措施，把二氧化碳排走。

同样，金鱼也是一种活的“安全灯”。在工厂排出的水中养金鱼，如果金鱼死了，就说明污水处理不彻底，还含有有毒的物质。

如今，研究各种活的“安全灯”的性能和作用，已成了环境保护学上的新课题。

青 苔 颂

久居上海，成天在柏油马路上、水泥高楼间奔忙。趁着春节，和妻子、儿子回到乡间，顿觉耳目一新，心宽情悦。

我们去看望年逾古稀的舅父。他住在浙江平阳县的小镇上。虽说人老屋旧，但是那久经风雨的褐中带黑的木栅栏门，那种满花草的宽敞的庭院，那抬头便可望见的青山，那枝头的叽叽喳喳声，都给我一种新鲜感。

我漫步在小院里，满目青翠，令人陶醉。绿色，是世界上最美的色彩、最富有活力的色彩。

我注意到，那用青砖铺成的过道的每一条缝隙中，那石板台阶的下沿，那石灰斑驳的围墙上，都浸润着葱绿的颜色——哦，苔藓！树下、草间、檐头、缸边，处处青苔可见，生机盎然。我的脑海中忽地翻跳出刘禹锡《陋室铭》中的名句："苔痕上阶绿，草色入帘青。"

说实在的，苔藓无花无果，总是默默地匍匐在墙根屋角，不登大雅之堂，从来未曾引起我的注意。人们常常用"没有树高、没有花香"的小草比喻平凡，而苔藓比小草更不起眼。"丹庭斜草径，素壁点苔钱。""苔钱"，亦即青苔，向来默默无闻。几年前，那是我第一次细细地打量苔藓：我的一位友人自安徽来，手中捧着一个纸盒。他小心翼翼打开纸盒，从中拿出一盆文竹送我。我非常喜欢这小小的礼品，把它置于案头。顿时，堆满文稿、书籍的书桌上，出现了赏心悦目的葱茏绿意。尤为令人珍爱的是，那文竹之下，土壤之上，披了一层翠色可餐的青苔，更增添了春色。

然而，遗憾的是，不多日，那文竹的顶梢便出现黄斑。黄色渐渐扩大，吞噬了可爱的绿色，就连青苔也不青了。就在文竹枯黄之日，青苔也成了“黄苔”！

后来，我随一支科学考察队乘直升机进入大兴安岭森林。我来到满目苍碧的绿色海洋。诚如唐朝诗人王维所描绘的：“青苔石上净，细草松下软。”那里树高，花香，草盛，苔厚。在茂密的林子里，很容易晕头转向，当地人叫“迷山”。考察队里一位植物学者告诉我：“你看一看树干上的苔藓，哪一面苔藓多，哪一面就是朝北。”于是，苔藓成了“指北针”。从东北归来，我带回一块树皮，上面长了像绒毯似的青苔。

我想用那块树皮作为“天然盆景”，给我的书房增添翠色。谁知没多日，那青苔又变成一片焦黄，只得扔进垃圾箱。

树难栽，花难养，就连地上爬、缝里钻的苔藓，也这么难伺候？真是“春色留不住”，仿佛天意难违。

偶然一次，我采访一位生物学家，他谈起了苔藓，使我恍然大悟。他说，在上海市区，找不到一棵地衣植物，而苔藓植物在上海也极罕见。本来，这些植物耐瘠薄耐风寒，在地上四处可见，为什么在上海却成了罕见的植物？原来，苔藓、地衣之类最怕含有二氧化硫的空气。它们很善于吸收空气中的二氧化硫，积聚在体内，从而使自身遭到毁灭！它们的这种“自我牺牲精神”，使它们成了监视环境污染的哨兵。哪里的空气中弥漫着二氧化硫，它们就发黄、枯萎，“以死相抗”。上海多高楼，也多高烟囱。从家家户户的煤炉，从大工厂锅炉房冒出的浓烟，夹杂着许多二氧化硫——因为煤中常常含硫，燃烧后变成二氧化硫。我家那文竹下面的青苔，那“天然盆景”的青苔，全都毁于空中飘逸的二氧化硫！

从此，我每到一个地方，便留意脚下那些无声无息的青苔。我发现，青苔确实是位忠实的哨兵。它随时向我报告着环境保护工作的成果：青苔盛，则花木兴，蜂蝶众，飞鸟成群……

正因为这样，我在舅父的小院中流连忘返。我吟哦着唐朝诗人柳中庸《幽院早春》中的诗句：“草短花初拆，苔青柳半黄。”是的，满院苔青，江南春早。不多日，便会百花放，燕呢喃，春烂漫了。

我爱青苔。我期望着有朝一日，坐在我的书房里，也能悠然而见“苔痕上阶绿，草色入帘青”。

泛泛江上鸥

朝阳把一片金光洒在瓯江上，一颗颗闪光的金珠在浪尖上滚动。举目凝视，江水围绕着的那个美丽的小岛——江心屿，已遥遥在望。

阔别故乡温州多年，我常在梦中思念着这颗镶嵌在瓯江上的明珠。我终于趁春节从上海回到温州。翌日清早，便朝江边进发。

多么遗憾，到了渡口，渡轮刚刚离去。驶抵江心屿之后，泊在那里等候归客，久久地停在对岸。我只好耐着性子斜靠在渡口的铁栏上，眼前的天、云、岛、塔一动不动，唯有江水在缓缓流动。呆滞的画面给人一种凝固感，我等腻了，看倦了，心烦了。

不知是谁叫了一声“涨潮了”，我看见江上翻起碎银般的浪花，“哗——哗——”的浪潮声也加快了节奏。就在这时，碧空下，白浪上，闯来一大群鸟，在那里欢快地翻飞着，顿时使画面变得富有生气。我的视线跟随着鸟儿时上时下。看清楚了，看清楚了，那鸟儿浑身裹着洁白的羽毛，像晴空中飘荡着的雪花。尖嘴、长翼、机灵、活泼。唯有翅膀上有几根灰黑色的长羽，更显得矫健多姿。哦，那不是江鸥吗？

唐朝诗人刘长卿写的《弄白鸥歌》：“泛泛江上鸥，毛衣皓如雪。朝飞潇湘水，夜宿洞庭月。归客正夷犹，爱此沧江闲白鸥。”其实，说江鸥“闲”，并不尽然。它们时而在空中如仙女般翩翩起舞，时而在水面上如浮萍般随波逐流，优哉游哉，看上去确实“闲”；然而，它们的双眼一直在做“全方位扫描”，一旦发现“浪里白条”，便闪电般俯冲下去，刹那间叼出一条小鱼，囫囵吞枣般咽进肚子，接着，又怡然自得地“空中散步”，而双眼始终在“扫描”。

我被款款而飞的江鸥迷住了。不知道什么时候渡轮已经悄然开来，游客们已纷纷上船，直到听见开船的鸣笛声我才急忙奔上渡船。人刚站定，船便启动了。江鸥似乎十分领情，知道我那样喜爱它们，便尾随着渡轮，戏逐着螺旋桨搅起的朵朵浪花，不时猛然扎下去，衔起活蹦乱跳的小虾、小鱼……

从故乡归来，一卷记录着我故乡之行的彩照印出来了。在摄于江心屿的一张彩色照片上，我惊喜地发现：身后瓯江东去，而波浪之上恰有一只奋飞的江鸥！哦，江鸥将永远与我在一起，不会从彩照上飞走了！

每当来了亲友，我便拿出相册，请他们欣赏温州风光。每当翻到那张江心屿留影，我就指着那只展翅翱翔的江鸥，津津有味地说起我的见闻。不过，有人问我，江鸥跟海鸥有什么区别，我一时答不上来。

我的一位友人是海员，他指着照片，讲起了一连串有趣的故事，解答了这一问题。他说："鸥，其实是水鸟中的一个类别。人们把在海上飞行的叫作海鸥，在江上飞行的叫作江鸥。实际上它们既在海上飞，也在江上行。"

"我们在航行的时候，如果看见一大群海鸥老是在一个地方低空盘旋，就避开了。这倒不是因为我们怕海鸥，而是因为海鸥喜欢成群结队在礁石附近找鱼。海鸥群飞而不离，成了礁石的活标志。

"渔民也注意海鸥。如果成群的海鸥不是在固定的地方低旋，而是向前移动，说明鱼群正在向前游。渔船便追了过去——海鸥成了寻找鱼群的侦察兵。

"在迷航的时候，我们很注意观察海鸥群飞行的方向。因为海鸥常常成群从大海飞往港口，顺江而上，它们的飞行方向成了港口的活路标。当然，这时候它们飞得比较高，不像追逐鱼群时总是擦着海面飞翔。

"不过，海鸥不是那种随遇而安的'旅客'，它们很挑剔。哪个港口、哪条江，如果受到污染，江面上漂着油花，水里有着异味，它们就不敢问津，宁可继续沿着海岸线飞行，遇见清洁的港口、干净的江水，这才飞进去。这么一来，它们成了各海港的‘环境检查员’。哪里的海鸥多，就说明那里港口的环境保护工作做得好……”

本来，我喜欢江鸥，只是因为它为江心屿锦上添花——增加了动态美。听罢那位海员朋友的一席言，我才知道江鸥是人类的挚友。于是，我加倍地珍爱江鸥！

清清漓江水

我从广西桂林归来，好多人问我：“让你印象最深的是什么？”

不是奇峰，不是异洞，不是怪石，不是碑海，而是清清漓江水！

“江作青罗带。”从飞机上俯瞰，漓江仿佛用玻璃铸成，镶嵌在野山之间，偎依在桂林市旁。

“桂林山水甲天下，阳朔山水甲桂林。”我从桂林坐船，沿着漓江，向阳朔行去。一路上，那漓江水纤尘不染，江面似镜，江水似水晶，清澈见底，嫩绿色的水草历历可数。轮船驶过，惊动一条一尺多长的红色鲤鱼，在碧波中游动，直至离船二三十米，还能看得清。

游船上，每位旅客清茶一杯。我喝着漓江水，那般甘美，没有半点儿氯气的异味。

中午，船上供应午餐。一盘漓江鱼，一碟漓江虾，都是渔夫刚从江中捕捞的。鱼青虾红，馨香诱人。那鱼，那虾，鲜中带甜，没有半点儿“洋油”的怪味。正吃着，服务员又端上一盘碧玉一般的炒油菜。这油菜生长在青山绿水之乡，那般纯净，那般清香。

我下榻于桂林榕湖饭店。我常在清晨或黄昏之际漫步于榕湖之畔。那榕湖湖面上，没有一星油斑，没有一点杂物，像一面刚刚擦洗过的玻璃镜。湖滨，翠竹丛生，绿树环绕，有老翁垂钓。我静静站在老翁背后，见那鱼饵刚刚抛下，浮子便下沉，老翁拉起钓竿，一条银光闪闪的鱼儿就飞入他的手中。那榕湖水，也像漓江水一样清净。虽然有人说“水清无鱼”，而漓江、榕湖却是鱼虾之家，使我不由得记起苏轼的诗句：“水清石出鱼可数。”

我爱桂林的水，也爱桂林的天。那天，像晶莹的蓝宝石，有风无尘，空气是那样清新洁净。空中不见黑烟，不见“黄龙”。一件白衬衫，在上海才穿了一天，领子就发黑了，而在那里穿了几天，领子还是那样干净。清晨，我刚刚从睡梦中醒来，鸟语声声，仿佛在向我问候早安……

我来到叠彩山，见到山壁上刻着“元帅诗人”陈毅 1963 年游桂林的题词：“愿作桂林人，不愿作神仙。”桂林，不光是那“甲天下”的山水令人神往，那里的自然环境也是清净、无污染的，如同人间仙境。

我听桂林人说，早在解放之初，周恩来总理就强调，要保护桂林山水！桂林人很早就注意保护环境，严禁工厂的废气、污水污染环境。迄今，漓江的水和桂林的空气那样洁净，是应当感谢周恩来总理的。

从桂林回到上海，喝着黄浦江的水，望着上海的天空，我不由得深有感触：什么时候能让黄浦江变得像漓江一般清澈？什么时候能让上海的天空变得像桂林的那样明净？到了那时，陈元帅九泉有知，定会吟哦道：“愿作上海人，不愿作神仙！”

银珠闪闪

你见过那滴溜圆、银闪闪的珍珠吗？噢，没见过，听说过。

我也跟你一样，从来没见过珍珠，只听说珍珠非常宝贵。可不是吗？我常听人们用“掌上明珠”一词来赞誉自己最心爱的东西，用“鱼目混珠”一词来贬斥那些假冒珍品的货色。至于珍珠为什么那样宝贵，珍珠是怎么来的，我却不太清楚。

于是，我来到上海郊区淀山湖畔，采访人工育珠。

育珠场就在湖边，几间白墙红瓦的平房掩映在依依垂柳之中。一位老大爷和一群姑娘在门口迎接我。一介绍，我才知道这位老大爷是养珍珠的老把式、土专家。他姓朱，大家叫他“珠爷爷”。那一大群姑娘，是珠爷爷的徒弟。

珠爷爷见了我，眼角皱起了鱼尾纹，笑呵呵地欢迎我的到来。在碧波荡漾的湖旁，在柳条飘拂的树下，珠爷爷给我上了第一课。

原来，在很早以前，当人们剖蚌取食蚌肉的时候，偶尔发现蚌里有光华夺目的小圆珠——珍珠。不过，有珠的蚌是很稀罕的。在大自然中，你掰开几千只野生的河蚌，也难得找到一颗珍珠。那时，“物以稀为贵”，这稀有、美丽又可爱的珍珠，就与黄金、白银、宝石齐名。“金银珠宝”成了“宝贵”“贵重”的同义语与代名词。

珠爷爷说，正常的河蚌本身并不长珍珠。只是有时河蚌张开蚌壳在湖底行走，沙粒偶然落进蚌里，河蚌感到非常不舒服，就拼命想把它挤出去。于是，河蚌挤呀，揉呀，同时分泌出一种珍珠质，把沙粒团团包住，久而久之，这颗“沙粒”被越揉越圆，越包越大，最后变成了晶亮溜圆的珍珠。

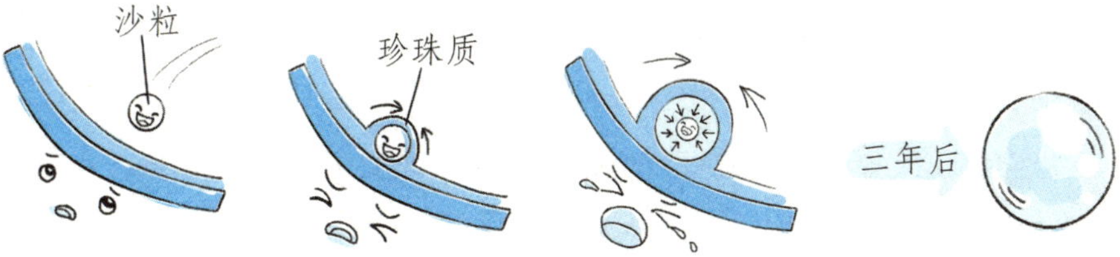

珠爷爷说，人工育珠就是仿照大自然的办法，把蚌壳掰开一条缝，用细针塞进一小块、一小块切碎了的蚌膜，促使河蚌育珠。

珠爷爷用小刀剖开一只已经育珠的河蚌，用手一捏蚌肉，顿时滚出许许多多银光闪耀的珍珠，大的如黄豆，小的如绿豆。我数了一下，好家伙，不多不少，整整50颗！

在过去，剖开几千只蚌可能都找不到一颗珍珠；如今，进行人工育珠，不仅蚌蚌有珠，而且一蚌多珠。珠爷爷打开一口缸给我看，满缸都是晶莹灿亮、光彩夺目的珍珠！

我一边惊诧地看着那么多的珍珠，一边赞叹不已。

当当当，出工的钟声响了。姑娘们欢乐地跑到湖边，每人划着一只柳叶般细长的小划子，出工了。我新来乍到，不会划船，也不知道该干些什么活，珠爷爷亲切地叫我坐到他的小船上，一起出工去。

我坐在船头，珠爷爷坐在船尾，小船舱中装着牛粪、猪粪。一条条小船鱼贯而行，排成长长的一队。这时，朝阳映照在水波粼粼的湖面上，抬头望去，浪尖上光灿灿的，仿佛有千千万万颗珍珠在水面滚动着、跳跃着、欢呼着。

船队拐弯了，穿过一堵竹箭，驶进一条小河浜。珠爷爷告诉我，这竹箭——埋在水下的竹篱笆，是用来防止野鱼窜进小河浜的。因为浜里养着育珠河蚌，那些野鱼，特别是黑鱼会趁河蚌张壳时吃掉蚌肉。

出工后的头一件事，就是把小船里的猪粪、牛粪撒进水里——施肥。

珠爷爷弯下腰，用双手仔细地捏碎成团的粪块，再兑上清水，调匀，用勺子撒在小河里。真没想到，又漂亮又干净的珍珠，是用这又臭又脏的猪粪、牛粪培育的。

撒完粪，珠爷爷开始刷蚌。原来，那小河里打着一根根木桩，木桩间横着竹竿，竹竿上像晾面条似的排着一根根尼龙线，尼龙线上像糖葫芦似的串着一个个河蚌——河蚌头上钻了个小孔，尼龙线就从小孔中穿过。珠爷爷告诉我，这么吊着，既能充分利用水面，又能使河蚌生长迅速，比扔在河底养好多了。他用刷子刷去河蚌上的青苔，仔仔细细地刷，刷得干干净净，使河蚌长得更快、更好。

中午，我们在船上吃了点带来的饭菜，在树荫下休息了一会儿，接着珠爷爷又干起来了——把一串串尼龙线放低。珠爷爷告诉我，这尼龙线随着气候的变化，要不断地提高或放低：春天，要把尼龙线拎高，使河蚌离水面近些，让太阳暖洋洋地晒着；眼下是夏天，烈日把上层的水晒得滚烫，就得把尼龙线放低，让河蚌凉快些；秋天，金风送爽，再把尼龙线拎高；冬天，当凛冽的寒风呼呼刮过河面，又要把尼龙线放低，不使河蚌受冻。河蚌要养六年——到它们六岁时才能放入蚌膜碎片育珠；放入以后，又要经过三个年头才能育成珍珠。这中间，要升升降降、拎拎放放多少次啊！

珠爷爷告诉我，大而圆的珍珠用来制作首饰，外观差的珍珠用来制作六神丸、珍珠丸、行军散、八宝眼药等药物，有着止咳化痰、明目止痛、收敛生肌、清热解毒的功效。

当晚霞染红了半片天空，船队返航了。姑娘们一边划船，一边唱了起来，整个湖面上飞扬着银铃般的歌声：

小船劈开千层浪，银珠闪闪放光芒。

要问银珠哪里来？银珠是用汗珠换。

花

人们爱花。意大利著名诗人但丁在《神曲》一诗中曾这样写道：“我向前走去，但我一看到花，脚步就慢下来了。”

苏东坡也是一个爱花的人，他甚至于：“只恐夜深花睡去，故烧高烛照红妆。”

那位苏州著名的作家周瘦鹃，更甚于但丁和苏东坡，自称是“花草的奴隶”。他写过《花前琐记》《花前新记》《花前续记》《花花草草》等书。他在《花花草草》的“前记”里这么写道：

古诗人曾有“一年无事为花忙”之句，而我却即使有事，也依然要设法分出时间来，为花而忙的。有时甚至忙得过了头，废寝忘食，影响了健康；这不仅仅是寻常的爱好，简直是做了花草的奴隶了。

呵，人们确实爱花：在花间漫步，心旷神怡；献上一束鲜花，表达情意；在发辫中插一朵花，觉得更加美丽，可谓“锦上添花”。

而在电影《花为媒》里，那花居然当起牵红线的月下老人了……

人们之所以爱花，是爱花的艳丽，爱花的芳香。

“春城无处不飞花。”春天，到田野上瞧瞧，大自然是多么艳丽多彩：黄澄澄的迎春花、粉红色的桃花、紫红色的紫荆、浅红色的樱花……百花齐放，赛丽争艳，炫姿耀彩！不论是山茶花和杜鹃花浓烈的色彩，还是水仙花和兰花淡雅的打扮，都别有风味，令人陶醉。

尽管大自然把自己打扮得如此色彩缤纷，“万紫千红总是春”，但是它对人类非常吝啬！在古代，人们为了使自己的衣服能像花儿一样富有色彩，不得不仰仗于大自然的鼻息：从木兰属植物的叶子里提取一丁点儿蓝色染料；从胭脂虫、茜草里提取一丁点儿红色染料；紫色染料是从一种地衣类植物中提取的；棕色染料来自热带的金合欢树；而黄色染料是用古巴的黄檀木做原料提炼而得的。

在古代，腓尼基人为了取得一丁点儿紫色的染料，不得不潜入地中海深处采集海螺。从8000个海螺中得到的紫色染料，还不够染一件衣服！正因为这种紫色染料非常珍贵，古罗马的法律便明文规定：只有贵族才能穿紫色的衣服。平民如果穿紫色衣服，就要处以死刑。其实，这个规定是白白浪费了笔墨，因为在那时，平民们谁有钱买得起那价值连城的紫色染料？人们把这种紫色染料称为“帝王紫”。无独有偶，在中国古代，紫色染料也是异常昂贵。人们从紫草中提取为数极少的紫色染料。在那时的齐国，用五匹素绸去换一匹紫绸，都不易换到。帝王将相们为了显示自己的富贵，纷纷用紫绸做衣服，这便是所谓的“满朝朱紫贵”。

自从人们在化学家的帮助下，发明了人造染料，这才把大自然那“只此一家，别无分店”的特权打破了。人们“化腐朽为神奇”，用又黑又稠又臭的煤焦油作为原料，制成了五颜六色的人造染料。

有一次，我到染料厂去采访。本来准备上午到一车间去，下午到二、三车间去。由于采访很顺利，我上午除了到一车间外，还完成了二车间的采访任务。吃中饭的时候，厂长一看见我，就说：“你到二车间去过了吧？”我感到很吃惊。厂长笑了笑说：“我们这里，一见面就知道你是哪个车间的。你瞧，那边走过来的工人是一车间的，他的口罩是红色的，脸上、手上也有点红；这个工人是二车间的，他的口罩、脸、手是绿色的……”我低头翻起挂在胸前的口罩，见有红也有绿，怪不得厂长一眼就看出来了。自从知道这个窍门之后，我也学会了一眼就看出谁是哪个车间的：三车间的是蓝色的，四车间的是黄色的……因为每一个车间生产一种颜色的染料，很容易辨别。

在下午结束采访的时候，我跟工人们一起去洗澡。真有趣，当热水一淋到头上，突然从头发间流出五颜六色的水！厂长笑着告诉我一个小故事："德国有个著名的化学家叫费雪。有一次，他到一个浴池去洗澡。没一会儿，就听见好多人在埋怨浴池里的水太脏了，简直成了黄绿色的了。费雪低头细看，大吃一惊，原来是他闯的祸！因为他正在研究一种染色力极强的黄绿色染料，头发沾上了一点儿，谁知这一丁点儿染料竟使整个浴池的水都变色了！"我洗了好久，才算洗干净了。我这才了解：用人造染料染出的花布，比春天的花儿更加艳丽，然而，生产这些"人造彩虹"的工人们都是何等辛苦，在下班洗澡之前又是何等地脏。没有这脏，哪来如花似锦的彩色布匹？

花儿红，花儿香。"一树桂花十里香。"花香，沁人心脾，给人带来了愉快的感觉。然而，大自然千百年来，同样垄断着香的秘密。人们为了使自己的生活充满芳香，向花儿索取香料。花儿也是够吝啬的：保加利亚素称"玫瑰的山谷"，那里盛产玫瑰。人们摘下300万朵玫瑰花，得到近4000千克的玫瑰花瓣，却只能从中提取出1千克的玫瑰香油！保加利亚一年出产的玫瑰香油，用一辆载重3吨的普通卡车便可以全部运走！

人们又是在化学家的帮助下，揭开了香的秘密，学会用人工的方法，大量生产人造香料。制造人造香料的原料，居然又是那煤焦油。人们这样赞誉道："化学家把手伸进又黑又黏又臭的煤焦油，取出了彩虹般美丽的人造染料，取出了香气氤氲的人造香料。"

为了了解人造香料是怎么生产出来的，我来到香料厂采访。我想，香料厂是香料的大本营，在那里工作一定非常愉快。谁知到了那里，却不尽然：有的车间里，居然臭气刺鼻！这又是怎么回事呢？香料厂的工人告诉我："'花香不在多'嘛！大粪很臭，原因之一是由于它含有浓度较高的吲哚。然而，稀薄的吲哚却很香，是一种香料。我们常用的茉莉香精里，就掺有千分之一左右的吲哚！在香料厂里，除了有的香料因吲哚浓度高反而臭之外，生产香料时的一些副产品，也常有各种各样难闻的气味。”

哦，我这才知道：为了给人们的生活增添芳香，香料厂工人们却要在难闻的气味中工作！

自从到染料厂、香料厂去采访之后，我每每看到人们穿着色泽鲜艳的衣服，看到琳琅满目的呢绒、绸缎，闻到牙膏、香皂、糖果、香水、糕点散发的芳香，脑海里便浮现出那些辛勤劳动着的染料厂、香料厂的工人。清洁工人有句豪言：“宁愿一人脏，换来万人洁。”染料厂、香料厂的工人不也正是这样的吗？我爱花，爱花的艳丽，爱花的芳香，我更爱那些用双手制造染料、香料的人。

我的这篇《花》，算是一束小花，敬献给那些默默地、勤劳地工作着的人。

自然铝的启示

1983年4月11日，新华社报道了在广西某矿区花岗岩中发现自然铝的消息，引起我很大的兴趣。

自然铝，也就是天然的金属铝。过去，我只听说自然金、自然银、自然铀、自然铜、自然汞等。人们曾在大自然中，找到重达112千克的自然金块、13.5吨重的自然银块和420吨重的自然铜块。铝是化学性质很活泼的金属，一般是以氧化物——三氧化二铝等化合物形式存在于自然界。读了新华社的消息，我第一次听说居然还有“自然铝”。于是，我向新华社了解，并向发现者邓燕华、张乐凯、欧锦秀、张慧珠请教，才知详情。在这里，向读者披露一二。

原来，最初发现自然铝，不在地球上，而在月球上！那是在1970年，苏联首先报道了在月壤中发现了金属铝碎片，亦即自然铝。

既然在月球上有自然铝，那么，在我们脚下的大地——地球，有没有自然铝呢？

1978年，苏联勃·伏·阿列尼可夫等人在西伯利亚发现了自然铝，含铝为98%，此外还有少量镁。

然而，在1980年，苏联的相关论文提交国际新矿物委员会讨论的时候，被否定了。委员们认为，那里可能受到人为污染，因此所发现的自然铝不可信。

此外，苏联的诺夫格拉多伕分别在1979年、1981年又两次发现自然铝。

这次，我国地质科学工作者是在广西某地的黄铁绢英岩中发现自然铝的。它是花岗闪长岩断裂带的蚀变岩，自然铝与石英共生，排除了所谓

“人为污染”的可能性。它以确凿的事实说明，在大自然中，存在着自然铝。

据发现者告知，这次发现的自然铝，银灰色，有着很强的金属光泽。经电子探针波谱分析，含铝在96%以上。此外，还含有铬、硅、铜、铁、镁等杂质。他们还发现，自然铝的硬度明显高于人工炼制的金属铝。

自然铝的发现，无疑是地球化学研究工作中的重要成果。然而，它不由得使我想起中国考古学史上的那桩“公案”：1953年，南京博物院考古工作队在江苏宜兴发掘西晋周处墓时，发现一小块金属片，经鉴定是铝。众所周知，金属铝是在1825年才由丹麦科学家首次制得的。在1600多年前的西晋，怎么会有金属铝呢？

1957年，《考古学报》第四期发表了罗宗真先生的《江苏宜兴晋墓发掘报告》，提出了“西晋有铝说”。同期，刊出夏鼐先生的《跋江苏宜兴晋墓发掘报告》一文，指出：“这是冶金史中的新发现。我们要问在当时是用什么方法提炼出这不易炼制的金属并达到85%的纯度？”

接着，夏鼐先生在 1972 年《考古》第四期发表《晋周处墓出土的金属带饰的重新鉴定》，否定了“西晋有铝说”。

为了探索这一问题，1983 年《科学爱好者》第二期发表了一组文章，对“西晋有铝吗?”展开了讨论。

就在这组文章发表不久，传来了我国发现自然铝的消息。它给人以新的启示：自然铝自古以来便存在于自然界，西晋时当然也有自然铝。不过，古人不识铝，把它当成银，制成“银器”。这样一来，“西晋有铝”当然也就不是不可理解的了。

当《晋周处墓出土的金属带饰的重新鉴定》一文收于《考古学和科技史》一书中，夏鼐先生在文末写了“补记”(注明写于 1978 年 7 月 5 日)：

……那小块金属碎片主要是铝。北京钢铁学院用能谱探针测定周处墓小铝片的化学成分，除铝以外，还含有 3%铜、0.4%锌、1.2%铁、0.6%硅、0.2%镁。

十分有趣，这次在广西发现的自然铝的成分，与此十分相近。其中的一份样品经中南矿冶学院用 S-733 型波谱分析，测得含有 96.47%铝、1.5376%铜、0.125%铁、1.325%硅、0.259%镁；而他们对日常用的铝制品进行对比分析，测得含铝为 99%，杂质仅为微量硅，不含铜、铁、镁等元素。如果晋墓中的小块铝片是“后世混入物”，为什么与现代铝的化学成分有那么大的差异?就连夏鼐先生在那篇“补记”中也不得不承认“它不是普通的纯铝”，“它的成分和某些早期的铝合金（‘硬铝’ duralumin）的成分相似”。在周处墓中，怎么会混入和“早期的铝合金的成分相似”的铝片呢?

自然铝的发现，无疑是对“西晋有铝说”的重要佐证。当然，它只是说明“西晋有铝”，并非证明“西晋炼铝”。

夏鼐先生在 1983 年 5 月 7 日给我的信中说：

如果周处墓的那小块铝是自然铝，即使被证明属实，那么晋代有自然铝其意义便远不及提炼铝的重要。商代遗址曾发现陨铁所制的兵器，最初发现者以为是提炼出来的铁，这是非常重要的发现。后者被证明是陨铁，其意义便不大了，因为世界上许多地方都曾有原始人利用陨铁做工具和武器。

就这一点来说，我同意他的见解。不过，如果周处墓那一小块铝被证实为自然铝，也是具有相当重要的意义的——因为世界各国有关人类利用陨铁（亦即“自然铁”）的考古发现早已有之，而利用自然铝的则闻所未闻。

据邓燕华等四位发现者告知，1983 年 3 月，国际新矿物委员会以“超过半数一票”的投票结果，承认了自然铝的发现。

科学在发展，人们对大自然的认识逐步深入。1983 年在广西发现的自然铝，会对 1953 年江苏宜兴晋墓中发现的铝片起重要的佐证作用。如今，自然铝已经排除“污染”之嫌，得到学术界承认。随着人们认识的深入，将来“西晋有铝说”也会排除“混入物”之嫌，最终得到学术界的普遍承认。

自然铝的发现，给我们一种有益的启示：科学是常新的。新的发现层出不穷，人们的认识也不断除旧布新，不断提高，达到新的水平、新的境界。

天然医学

1983年3月，在罗马召开了世界上首次天然医学国际会议。天然医学，已经引起医学界的注目。

什么是“天然医学”呢?

所谓天然，即出于自然。天然医学，就是利用大自然使人祛病健身。虽然作为一个专有名词——天然医学，一些读者感到陌生，但是追根溯源，天然医学自古就有。可以说，医学最初源于天然医学。在古代，人们最早便是利用大自然来治病医人。

对于中国医药学来说，天然医学是它的精髓、内核。针灸、中草药、气功、推拿之类，无一不属于天然医学范畴。明朝李时珍所著《本草纲目》，记载药1892种，附药方11 096个，药物形态图1160幅。这些药物，均属天然医药；这些药方，均属天然医学；可以说，《本草纲目》是世界天然医学史上一部早期名著、巨著。中华民族对于天然医学的创立和发展，有着卓越的贡献。

时至今日，我们已生活在电气时代、原子能时代、高分子时代、电脑时代、激光时代，合成药物琳琅满目，层出不穷。尽管如此，天然医学仍在医学领域中居于重要地位。过去，天然医学往往只局限于实践经验，缺乏系统理论，缺乏药理病理研究。如今，用现代科学武装天然医学，使古代的医学瑰宝放射出更灿烂的光芒。

人们用心电图机、呼吸换能器、红外测温仪之类的现代仪器，探索气功的奥秘；人们用电脑为好多位著名中医整理治病经验，用电脑代替他们行医、开诊病处方；人们用电子仪器研究经络理论，探求针刺麻醉原理；人们用录像机记录了各种拳术流派；人们用化学方法，探明分子结构，合成了胰岛素、干扰素等人体中天然存在的具有医疗效果的物质，合成了奎宁、牛黄、维生素等动植物体内天然存在的具有医疗效果的物质……

天然医学用现代科学武装起来，不论是研究的广度还是深度，都今非昔比，面目一新。如今，天然医学得到了更广泛的应用，其五大优点如下：

1. 普遍——阳光中的紫外线、大自然中的中草药之类，来源于天然，普遍易得；

2. 低廉——“一根银针治百病”。气功、推拿、拳术之类，成本低廉，易于推广；

3. 有效——天然医学经过长期的实践，许多药物及医疗方法，行之有效，除病保健；

4. 无害——天然药物大多数无副作用，有益健康，有利治病；

5. 面广——天然医学城乡皆宜，尤其是缺医少药的山区、边远地区，应用天然医学，就地取材，便于实行。

李鼎铭先生是一位著名的民主人士，也是一位医术高明的中医。在陕甘宁边区，他曾用中药给毛主席治病，还给毛主席按摩。毛主席很赞赏这些天然医术，称誉中国医药学是一个伟大的宝库。新中国成立后，天然医学在我国发展很快，应用甚广。

早在战国时代，子思、孟子便提出“天人合一”。汉朝董仲舒也说：“天人之际，合而为一。”古人所谓的“天人”，是指天道与人道，天然与人为，也有时指天上与人间。如今，我觉得不妨赋予古语以新意：这“天”，指天然医学；这“人”，指人民群众。天人合一，就是说，天然医学密切为人民群众服务，而人民群众又在大量实践中进一步丰富天然医学宝库。因此，“天”与“人”紧密相连，休戚相关，融为一体，不可分离。“天人合一”，将会使天然医学蓬勃向前，不断发展。

身边的“小环保”

寒风凛冽，电视机里播出当日的天气预报：最高气温为－7 ℃。然而，你的房间里却温暖如春，案头的水仙花绽开淡黄色的花朵，散发出醉人的芳香。

从气候学的角度来看，气象台发布的天气预报，说的是大气候。你的房间里，却是“小气候”。小气候是指小范围内的特殊气候，这种小范围通常只包括离地面两米以下的空间。住房、温室、农田、厂房、仓库、车厢、教室，都属小气候。小气候与人们的日常生活有着密切的关系。

如今，环境保护成了大家关心的话题。其实，就环境而言，也有大环境与小环境之分。关于如何保护大环境，已有许多文章谈论。在这篇短文中，着重谈谈身边的“小环保”。

在家庭中，造成小环境空气污染的污染源，常常是炉子。煤球、煤饼燃烧以后会产生一氧化碳、二氧化碳。煤中大都含硫，燃烧后会产生有毒的二氧化硫。一氧化碳、二氧化碳、二氧化硫都是气体，散逸在屋子里，便造成污染。据统计，在20世纪80年代，北京市近郊的居民30%仍用煤球、煤饼。彻底解决这一问题的办法，当然是用煤气、液化石油气作为家庭燃料。进入20世纪90年代，北京大力发展清洁燃料生产，市区居民、公共福利事业、饮食服务业基本实现炊事气化，大大减轻燃煤造成的污染。对于首都居民来说，这无疑是改善小环境的福音。

不过，在一些边远城镇人们仍使用煤球、煤饼的情况下，注意把灶间跟居室分开，注意灶间的通风，也可以减少煤炉对小环境空气的污染。另外，使用煤气的居民，同样要注意灶间通风。煤气中含有一氧化碳，使用不当也会造成污染。

油煎食物的时候，油温不能太高。温度太高，油分解了，产生有毒的丙烯醛气体，会严重污染小环境。尤其是那些多次煎炸食品、已经发黑的“老油”，产生的丙烯醛就更多。丙烯醛是一种无色催泪性气体，曾在战场上被用作毒气，会使人流泪、咳嗽甚至窒息。

造成家庭空气污染的另一个重要污染源是香烟！哪儿有人抽烟，哪儿的空气就会被污染。抽烟，不仅使抽烟者受污染，也使不抽烟者被污染。抽烟，使大量的致癌物质——苯并芘散发到空气中，造成严重污染。

为了保护小环境，应当提倡戒烟。即使抽烟，抽烟者最好到室外或窗口去抽，切忌临睡前在门窗紧闭的屋子里抽烟。抽烟者不仅应该珍惜自己的健康，而且要尽力避免让下一代受到污染。在公共场合，更不应抽烟。

当你长跑、打太极拳、做广播操的时候，要选择清洁的小环境。最好到公园、操场、绿化地带去。切莫在街道上进行体育运动。据我国环境科学工作者测定，我国一些城市的主要干道上，由于汽车排出的废气很多，致使空气中的一氧化碳浓度高达每立方米 8—14 毫克，超过卫生标准 7—13

倍。另外，街道空气中的二氧化硫、二氧化碳含量也比较高。显然，在这样的小环境中锻炼身体，有害无益！

我常常见到临街的居民们把洗净的鱼、鸡、鸭、蔬菜之类晾在窗口。其实，这是很不卫生的。街道上尘土飞扬，空气中夹杂着汽车尾气排出的含铅及致癌物质，落在食物上，人吃了会有损健康。汽车尾气中含有的多环芒烃，是一类化学致癌物质。另外，城市的大气飘尘中，常常含有工厂烟囱排出的废气，也会造成污染。例如，据我国有关部门测定，在工业城市的大气飘尘中，常常含有镉、铅、镍、铬等重金属。另外，在一家化工厂的下风区，发现飘尘中的苯并芘含量甚高。苯并芘是一种很强的致癌物质。显然，把食物晾在室外，听任大街上飞扬的飘尘落在上面，是不利于健康的。如果可能，尽量少开临街的窗户，防止那满街飞扬的飘尘进入室内，以减少室内空气污染。

买了青菜、瓜果之类，不要以为洗去污泥就算干净了。最好先放在清水中浸泡一段时间，再细细地洗，以求洗去沾在表面的农药。某些有毒农药造成的污染，是颇为惊人的。滴滴涕等氯代烃农药，进入人体以后，不易分解，会长期积存在人体脂肪中，造成积累性中毒，轻则使人头疼、无力，重则痉挛、心力衰竭。对二氯苯农药，可能会使人患白内障。据测定，滴滴涕可在人体中存留 15 年而不分解！至于有机磷农药，也会使人食欲不振，甚至昏迷、死亡。正因为这样，仔细冲洗青菜、瓜果，是防止食物污染的重要一环。

请注意不要用废报纸包食物。这是因为油墨中含有多氯联苯，会随食物进入人体。多氯联苯在人的肝脏、脑、脂肪中积累，超过一定限度就会使人中毒。

特别应注意的是，不要随便购买地摊上一些来历不明的禽、鱼。例如，上海卫生部门曾查出，在某电镀厂附近生长的鸭子，肝的含镉量比正常鸭子的高 53.6 倍，肾的含镉量为正常鸭子的 26.3 倍。因为那家电镀厂把含镉污水排入小河，造成污染。人吃了受污染的鸭子，也会受到污染。现在，那家电镀厂已经采取措施，防止镉污染。另外，有的淡水鱼吃起来有股火油味，据人们研究，是受到酚污染的缘故。一些化工厂把含酚废水排入江河，造成了酚污染。酚也会在人体内积累，使人中毒。

顺便再提一下家庭中容易发生的污染：

不小心摔破了水银体温计，要马上扫净水银珠。最好撒上硫黄细粉，使水银珠与硫黄化合。如果水银珠滚到床下、墙角或地板缝里，慢慢挥发，会造成汞污染。不慎打破日光灯管，要立即开窗通风，因为日光灯管内有汞蒸气。

不要用铅壶盛酒，以免造成铅中毒。自己动手腌皮蛋时，所用的金生粉（又叫黄丹粉）一定要适量。金生粉多了，皮蛋中的松花多，固然好看，但是金生粉的化学成分为氧化铅，用多了会造成铅污染。

我还见到，有些人用洗碗布擦洗煤气灶。这会造成污染。煤气灶用久了，表面沾有一层油烟，而油烟中常杂有苯并芘之类致癌物质。用洗碗布擦洗煤气灶，油烟便沾到洗碗布上去了。同样，用洗碗布擦洗水壶底、锅底，也会造成污染。这类地方应当用擦桌布擦洗，而洗碗布与擦桌布应严格分用。

你家的电冰箱，最好不要放在卧室里。据测定，电冰箱发出的噪声，在 1 米内为 34—52 分贝。噪声，也会造成环境污染，影响人的健康。

当然，小环境依存于大环境。大环境的保护工作做好了，小环境也就少受污染。不过，如果注意搞好身边的“小环保”，也能减少一些污染，使你生活得更加愉快、健康。

科学，就在你的身边

我在四川采访时，曾听说一位青年妇女因生了女孩，备受公婆、丈夫的谴责，差一点儿被逼疯。这里且不说重男轻女是封建思想的遗毒，透过这件事，可看出她的公婆、丈夫对身边的科学何等无知——他们不懂得胎儿的性别取决于父亲精子中的染色体，却使那位青年妇女无端受谴！

我乘着游艇在青海湖上观赏一只只掠过碧空的鸟儿。忽然，艇上有人在争吵。我回头一看，原来是一位小青年带了鸟枪上艇，正在瞄准的时候，被管理人员发觉，要罚款。那小青年竟说："鸟又不是你们养的，打几只有什么关系？"他不懂身边的科学——保护益鸟，人人有责。

我还曾遇到这样的事：

一位青年很高兴地对伙伴们说，他买到了一种很便宜的"彩色胶卷"。别人不信，一看胶卷，明白了，胶卷盒上写着"全色胶卷"，那位青年当成是彩色胶卷——他不知道身边的科学，那"全色胶卷"就是黑白胶卷。

另一位青年买了干电池回家。一路上，大拇指按在电池盖子上，食指托着电池的底部。他也不懂身边的科学——这么一来，手成了"导线"，使电池短路，电很快就跑光了。

我们身边有许许多多科学，尤其是在当前，新的技术革命浪潮冲击着一切，一大批现代化的商品进入人们的日常生活。不懂身边的新科学，给生活也带来困难：电脑怎样使用？录音机怎样使用？电子手表怎样调校时间？洗衣机怎样使用？电视机的图像怎样才会清晰？……不久的将来，机器人进入每个家庭。不懂身边的新科学，就不会过现代化的生活！

身边的科学，就在生活之中。结合生活，讲科学，学科学，用科学，会受到广大群众的欢迎。身边的科学，看得见，摸得着，用得上。通过普及身边的科学常识，破迷信，扫“科盲”，培养青少年对科学的兴趣，提高广大群众的科学文化水平，无疑是一件大好事。

先　与　后

俗话说："办事总要有先后。"这话不假。日常生活中，分清先后有丰富的科学道理。就拿洗碗来说，有的人总是先倒冷水，再倒热水，掺成温水，然后洗碗。从科学的角度来看，应当先倒热水，让碗、筷在热水中泡一会儿，再掺点冷水来洗。为什么呢？因为把碗、筷先在热水中浸泡，有两个好处：一是可以杀死碗、筷上的部分病菌；二是可以除去碗、筷上的油渍。刷牙的时候，正好相反，有的人总是先将漱口杯里倒进热水，然后再兑点冷水。由于漱口杯里放着牙刷，先倒热水，会使牙刷上的尼龙丝变形，所以，应当先倒冷水，再兑热水。

煮黄豆的时候，不应先放盐。早放盐，黄豆不易酥。这是因为盐会使蛋白质凝固。先放盐，豆的外层蛋白质凝固了，水不易渗进去，热不易传进去，当然也就不容易煮酥。所以，应当先煮豆，后放盐。煮豆如此，煮肉也是如此。

煎中药，一定要注意什么药先煎，什么药后煎。有的药难溶于水，要先煎，时间长了，慢慢会溶解在水里。有的药容易挥发，容易分解，那就得后煎。医生在开中药的时候，总是叮嘱病人，什么药该先煎，什么药该后煮。这可得听清楚，记明白。

吃药，也得弄清楚"饭前""饭后"。开胃口的药，要饭前服；助消化的药，要饭后服。

如果吃了饭，再服开胃药，岂不成了"马后炮"？如果饭前服助消化的药，"主角"还未到达，它"助"什么消化呢？另外，一些要求快速吸收的药，往往要饭前服；有的带点刺激性的药，往往应饭后服，让大量的食物把它冲稀。

做衣服，应当先落水，后裁缝（纯涤纶之类不大缩水的合成纤维除外）。因为棉布、人造棉下水会缩，不先缩水，会导致做好的衣服走样变形，尺寸也不准确，不合身。

日常生活中，还有许多应该分清先后的事，大多含有一定的科学道理。

花香不在多

今天是小琴第一次烧饭做菜。她做的甜馒头成了苦馒头，她烧的菜汤麻舌头。这是什么原因呢？原来，小琴以为糖精越多越甜，味精越多越鲜，谁知物极必反，结果正好相反。

这使我想起一句俗话："花香不在多。"这话是很有道理的。比如说，大粪臭，其原因之一，是由于它含有浓度较大的吲哚，然而，稀薄的吲哚却很香，是一种香料。

我们常用的茉莉香精里面就掺有千分之一左右的吲哚！这样的例子是很多的：含水25%的酒精能杀菌消毒，而浓酒精的杀菌效果反而不好，因为浓度太大，使细菌表面的蛋白质凝固了，酒精不易渗进去；在煤上浇点水，烧起来火力很旺，如果水浇得太多，反而减弱火力；稀硫酸能够溶解铁，而浓硫酸具有氧化性，使铁表面形成一层保护性的氧化膜，不能侵蚀铁，因此浓硫酸可以安然装在铁桶里……这又使我想起了科学史上的几个耐人寻味的事例。

早在1847年，意大利化学家就用硝酸与甘油作用制成了很稀的硝化甘油（又名硝酸甘油脂）。它具有扩张血管的生理作用，最初人们用硝化甘油稀溶液作为治疗心脏病的药物。后来，有人在蒸发、浓缩硝化甘油时，竟发生猛烈爆炸，人们从爆炸声中认识到，原来浓的硝化甘油是一种烈性炸药。著名瑞典化学家诺贝尔深入研究了这个问题，终于用5%硝化甘油、49%硝化纤维素与1%二苯胺配制成了无烟炸药。

约300年前，人们往钢中加入锰，制得了锰钢。可是，当钢中含锰2.5%时，钢会变得很脆；含锰3.5%时，就会脆得像玻璃一样。于是，锰钢被丢在一旁，无人研究。然而，一位英国冶金学家不肯就此罢休，他把钢中含锰量增加到13%后，发现所得的锰钢又坚硬又富有韧性。此后，锰钢得到广泛应用。如今，掘土机的铲斗、滚珠轴承、钢磨、铁路钢轨交叉处等，都要用到高锰钢。

从糖精、味精到硝化甘油浓稀不同的变化以及锰钢含锰量多少的变化，给人一种启示：事物是复杂的、多变的，一定要深入地研究，才能掌握其中的奥秘，切莫浅尝辄止。

说　酸

有个寓言说，一只狐狸吃不到架上的葡萄，只好自我安慰道：“那葡萄是酸的，不好吃!”

不过，许多未成熟的果实倒确实是很酸的，这是因为它们通常含有醋酸、苹果酸、柠檬酸、琥珀酸、酒石酸之类的酸。孕妇爱吃山楂，也是由于山楂果含有这些有机酸。

这么一来，许多人都以为：“酸，一定是酸味的。”其实，并不完全如此。例如，用作炸药的苦味酸是苦的，用作防腐剂的水杨酸是甜的，味精——谷氨酸的味道是异常鲜美的。

那么，究竟什么是酸呢?

酸有这样的特性：它的分子中都含有氢原子。如果把锌片或者铁屑等金属放进酸里，金属常与酸发生作用，产生气泡——放出氢气。因此，化学上，便把含有能被金属所置换的氢原子的化合物，都称为酸。

酸的外貌各异：浓磷酸很稠，像油一样；纯净的醋酸，像白色的冰块；硼酸像白色的小鳞片；硅酸像白色的糨糊；硬脂酸却像石蜡。

植物中含有许多有机酸：酸溜溜的柠檬中含有柠檬酸；蜇人皮肤的荨麻中含有甲酸；菠菜中含有草酸；五倍子中含有制造蓝黑墨水的原料——鞣酸，生柿子、橄榄中也含有这种涩口鞣酸；苹果中含有苹果酸。

最重要的无机酸是硫酸、盐酸和硝酸，合称“三大强酸”。其中的硫酸在化学工业上用途最广，被誉为“化学工业之母”。

严禁烟火

在炼油厂、酒精厂附近，挂上“严禁烟火”的牌子还说得过去。奇怪的是在面粉厂的大门口，也同样高悬“严禁烟火”四个斗大的字！这是怎么回事？

几十年前，意大利的一家面粉厂发生了猛烈的爆炸，许多工人死于非命。事后追查“凶手”时，你猜，抓住了谁？原来“凶手”就是面粉！这究竟是怎么回事？谁都知道：劈柴与做火柴匣的木片都是木头，但是，木片比劈柴要容易烧得多。

从化学的角度来看，燃料燃烧的过程，就是一场燃料与氧气化合的过程。燃料越薄、越细，表面积越大，与氧气接触机会越多，就越容易燃烧。

正因为这样，木片比劈柴容易燃烧。据计算，一块1立方厘米的木头，表面积只有6平方厘米；如果把它粉碎成直径只有1纳米的细屑，那么，这些细屑总的表面积达6000平方米，猛增1000万倍！

现在，你就不难明白面粉为什么是“凶手”啦：当空气中飞扬着的极细的面粉达到一定的浓度时，一遇火星，面粉便会燃烧。这燃烧极为迅猛，放出大量的热，使一大块空气的温度急剧上升，体积猛烈膨胀，那么，后果就清楚了——爆炸！

不光是面粉会爆炸，同样，极细的煤粉、糖粉、硫黄粉、淀粉都是危险物品，因此人们不能不小心地提防它们。但是人们也利用这些小家伙为人类服务：在汽车的汽缸里，汽油被喷成极细的雾滴，充分与空气混合，点火爆炸后推动汽车前进；在水泥厂里，人们把煤研成极细的煤粉，然后与空气混合喷到水泥旋窑里，使窑温达到2000多摄氏度。这时，小家伙们就变成“功臣”了。

砌墙的化学

公元8世纪，阿拉伯舰队气势汹汹地开往拜占庭首都君士坦丁堡，扬言要一举征服拜占庭帝国。阿拉伯舰队强悍善战，威镇海疆，一向都是旗开得胜，所向披靡。然而，这次却被希腊人的几只小木船杀得一败涂地，整个舰队在达达尼尔海峡覆灭了。

几个幸运地抓了块木板游回去的阿拉伯水手，惊魂未定地向人们说："不得了，希腊人太厉害啦！希腊人'驯服了闪电'，叫闪电来烧舰队。那'魔火'不光会把舰烧着，甚至连水也嗞嗞地烧起来了。"

这"魔火"究竟是怎么回事呢？这一直是个军事秘密。很久以后，人们才知道，"魔火"原来一点儿也不神秘：它只不过是一种生石灰与石油的混合物罢了。

生石灰——你一定认得它吧。在建筑工地上，泥匠常常往生石灰上浇水，顿时白烟袅袅。如果你往里搁个鸡蛋，不到十分钟就熟啦！这就是一场化学反应：生石灰的化学成分是氧化钙，它能剧烈地与水化合变成熟石灰——氢氧化钙，同时放出大量的热，泥匠管这场反应叫作熟化。当把生石灰与石油的混合物撒到海面上时：第一，生石灰与水化合，大量放热，温度猛升；第二，石油易燃，而且比水轻，浮在水面。这样，一烧起来火势熊熊，乍看去，真像连水也着火了似的。

你砌过墙吗？用生石灰砌墙，首先必须使它彻底与水混合，彻底熟化——这是每个泥匠都懂得的规矩。如果水加得不够，砌在墙上后，没有熟化的生石灰会继续与空气中的水汽反应，大量放热，并鼓起来，使砖与砖之间不能紧紧黏合。

熟化的生石灰是稀糊状的，像烂泥巴，砌上后为什么会变硬呢？这

“硬化”，又是一场化学反应：熟石灰与空气中的二氧化碳化合变成了白色的石头——碳酸钙。

这是一场“物归原主”的化学反应：贝壳、白垩、石灰石的主要化学成分都是碳酸钙。在工厂里，人们便是用贝壳、石灰石来烧制生石灰的。因为在高温下，碳酸钙分解被迫“交”出二氧化碳，变成氧化钙——生石灰。砌在墙上后，二氧化碳重新回“老家”啦，生石灰重新变成碳酸钙。

你注意到这样的事了吗？泥匠用石灰水刷墙，有时在刚刷过的房子里烧堆木屑或劈柴，说是给墙壁“催白”。为什么能“催白”呢？这是因为木头燃烧后，变成了二氧化碳，使房间里的二氧化碳增多，墙上的熟石灰变成碳酸钙的速度加快了。

石灰，是你常见的；砌墙，是桩普普通通的事。但是，其中竟有这么多化学道理。在你的日常生活里，也有许许多多“普通事”，多想想，多看看，你同样会发现很多科学道理的。

空气中的“流浪汉”

清晨，当一束阳光照进室内时，你就会看见光亮里有无数个小颗粒在东碰西撞，到处游荡。

这便是空气中的“流浪汉”——灰尘。

灰尘很小，1000粒灰尘紧挨着排成队，也只有1厘米长，所以平常，除非灰尘特别多，否则人们是不大感觉得到这些小东西的存在的。据检测，城市街道上的一酒杯空气中，有几十万粒灰尘，草木繁茂的山林地带灰尘就少得多，一酒杯空气中只有100多粒灰尘。

灰尘是从哪里来的呢？刮风了，地面上无数的沙粒、泥粉就被扬了起来；在工厂里，高高的烟囱吐出浓黑的烟；火山爆发，会带来无数的灰烬；车辆奔驰、人走路，又不知带起多少灰尘。此外还有天上的流星，它和空气一摩擦，整个都烧掉变成为灰尘了，据说每昼夜就有1430万吨这样的宇宙灰尘落到地球上。

也许你没想到，这些乱逛的灰尘也还是有用处的。没有它，天就不能下雨！因为地面上的水汽升到天空后，形成云彩，但是，没有灰尘，云彩中的水蒸气就不能聚集在一起。如果不信，你不妨试一试：在下雨时，拿个干净的白瓷碗放在院子里，接上点雨水仔细看看，你就会发现碗底沉有许多渣滓——这就是灰尘。

但是，灰尘的坏处是很多的。大家都知道，灰尘多了会迷人的眼睛，呛人的鼻子，会使人的呼吸器官发炎。灰尘钻进机器，会使机器的磨损加剧；落在桌椅上，会使桌椅变脏；落在唱片上，会使它发声嘶哑；落在未干的电影胶片上，会使它失去功用。

这样看来，我们就不得不管教这些空气中的“流浪汉”啰！“要扫地，先洒水。”这是卫生公约，也是最普通的治服灰尘的办法。在工厂里，人们设法防止灰尘从烟囱里跑出去。有的在烟囱里装上许多喷水器，用水把灰尘带走；有的使烟通过一个较大的房间，让灰尘和烟渐渐沉下去。人们还发明了用电捕捉灰尘的办法：在烟道里安上高压电极装置，能使灰尘百分之百地落下。

然而，最积极、最根本、最主要的减少灰尘的办法，是进行大规模的水土保持，植树造林，绿化大地，使大风无法再把泥粉和细沙卷得漫天飞舞。

湖底的气泡

夏天，当你和朋友们在湖上划船时，船桨一碰到湖底，立即可以看到有许多小气泡冒出来。

如果你细心地拿个空瓶子，把这些气体收集起来，一划火柴，这种气体还会燃烧呢。

这是沼气。按化学成分来说，沼气中有50%—95%是甲烷，此外还含有氢气、二氧化碳、氮气及微量的硫化氢。

湖底，是个天然的沼气工厂，工厂的“工人”是些细菌。

这些细菌大都在稻草之类的有机物质里繁殖，能产生酵素，使有机物质发酵分解，因此叫作发酵细菌，也叫作甲烷发酵细菌。湖底，经常积存着一些杂草、树根等含有纤维素的东西，在缺乏空气的情况下，受到细菌的发酵作用，就分解产生甲烷。

不光是湖底有着沼气“工厂”，地底下埋藏着的大量的远古树木也会被细菌分解产生沼气（人们称之为天然气）。我国不仅有丰富的沼气，而且在古时候，四川自流井地区的人民，就知道利用沼气煮井水制盐了。

人们还可把粪便、树根、杂草、垃圾、菜叶、污水等，收集起来进行发酵，来大量制造沼气。这些沼气，可以用来点灯、烧饭。用粪便发酵不光是给人们送来了沼气，发酵后的粪便，还是特别好的肥料哩，它比没发酵的粪便肥效更高，可真是一举两得。

在工业上，沼气不仅是重要的气体燃料，而且是挺重要的原料。人们用沼气可以制造炭黑，作为黑色颜料，用于印刷、油漆。炭黑还是橡胶工业上很重要的补强剂，可以增加橡胶制品的强度与硬度，像制造汽车轮胎就离不了炭黑。

甲烷、氨与空气的混合物在 1000 ℃高温通过铂触媒后生成氢氰酸，可以用来制造染料与杀虫剂，也是制造合成橡胶、有机玻璃与合成羊毛的原料。甲烷还可以用来制造号称“塑料王”的聚四氟乙烯。

柏油马路的翻修

柏油马路为何常在夏天翻修，而不挑凉爽一点儿的季节来翻修呢?

原来，翻修柏油马路路面多在夏季，从四月直到八月都可以，这是根据柏油的物理性质决定的。柏油在常温下是固体，可是，当温度升高到40 ℃以上便开始软化，温度更高些，便熔化成液体。在翻修马路时，人们把柏油加热，熔化成液体，浇在路面上。

在夏天，由于气温高，柏油加热熔化后，不会马上就冻住，便于施工。另外，浇在路面上后，由于它还比较柔软，经过压路机与其他车辆的碾压，容易使柏油挤到路面下层缺油的地方去，而柏油与碎石料结合得比较好，路面质量就较高。如果在冬天施工，柏油刚一熔化，便很快又冻住，施工困难，而且浇成的路面质量不高，容易龟裂。

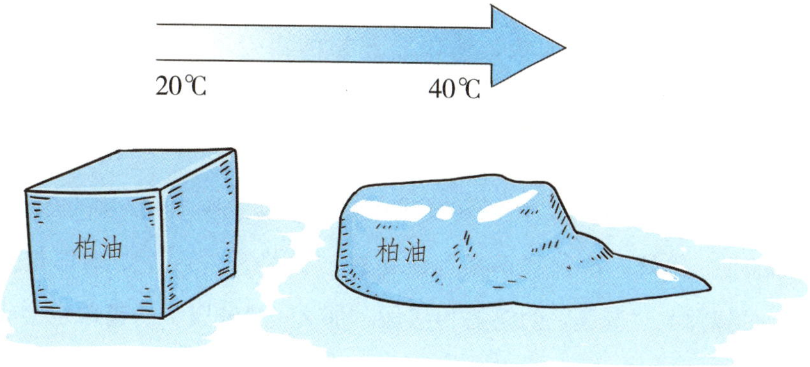

正因为这样，铺路工人总是不顾天热，多在夏天进行柏油马路的大翻修，而在冬天，则只是进行一些必要的小修补。

锡 瘟

100 多年前，某军装仓库里，发生了一件奇怪的案件：军装上的锡纽扣，几天之间忽然都布满了黑斑。没多久，黑斑不断扩大，以致一个个锡纽扣全碎成一团团灰色的粉末。这是谁在捣鬼？人们绞尽脑汁，才把“罪魁祸首”抓住：原来是严寒带来的“锡瘟”。

当你把锡条弯曲时，可以听到一阵嚓嚓声，因为普通的白锡是由一些立方形的锡晶体组成的。一弯曲，晶体之间相互摩擦，就发出了声音。

在平常，白锡的晶体是稳定的。但是，如果温度低于 13.2 ℃，锡晶体中的原子会开始重新排列，从四方晶体转为立方晶体，体积增大，白锡会逐渐变成粉末状的灰锡，一把锡壶如果全变为灰锡，那便不再是锡壶了，而是一堆灰色的粉末。在温度稍低于 13.2 ℃时，白锡变成灰锡的速度并不太快，所以，你家的锡壶照样还可派用场。然而，在博物馆的古代锡器上，你可以看到这种变化——锡器上黑斑点点。

随着温度的逐渐降低，白锡转变成灰锡的速度急剧加快，在－50 ℃时达到最高点。另外，这种“锡瘟”还是种“传染病”哩：如果你把患有“锡瘟”的锡器与“健康”的锡器相接触，那么，“健康”的锡器也会很快地染上“锡瘟”，因为少量灰锡的存在，可以大大加速从白锡转变为灰锡的过程。

锡也怕热。在 161 ℃以上，白锡又会转变成另一种六方晶格结晶的锡。这种锡很脆，当你把它加热到 200 ℃左右时，很容易把它磨成挺细的粉末。

你家有锡壶、锡烛台吗？你们厂里有锡管、锡焊条、锡反应罐吗？如果有，最好保存在 10 ℃以上的环境中，免得变为一堆灰锡粉末。

已发生“锡瘟”的锡器，也有办法“治愈”的：用松香作熔剂，灰锡再度熔化，就能再生成为白锡了。但这个过程有 0.3%—0.5%的锡损耗。

运动场上的颜色

颜色，把自然界点缀得五光十色，人们用颜色来丰富自己的生活。运动场上，颜色还有许多妙用哩。

走进运动场，最引人注目的是白色：跑道线是白色的；排球网、乒乓球网是白色的；游泳池里的游道浮标也是白色的……这是因为白色十分醒目。有时，白色和黑色相间搭配，那会更加醒目。像跨栏的栏、足球门，都是用黑漆和白漆相间漆成的；篮球板，也是在白板上画了黑界线的。

绿色，象征着森林，它给人以愉快、轻松的感觉。一般乒乓球桌都漆成绿色的，这样可以帮助运动员消除过分紧张的情绪。自由体操运动常在绿色或蓝色的地毯上进行，运动员表演着优美的动作，看上去就像草坪上翩翩起舞的蝴蝶，或者像蔚蓝色海洋上翱翔的海鸥，给人以美的享受。

通常在进行篮球或足球比赛时，同队的运动员必须穿着同样颜色的衣服。两队所穿的衣服颜色，又必须有明显的区别，一般是红的与白的，黄的与蓝的……而裁判员常穿蓝白条纹的衣服（条子相当宽），十分显眼。这样，运动员在紧张的比赛中，容易辨别谁是同伴，谁是裁判。相反，在进行乒乓球比赛时，运动员不允许穿浅色的球衣，球拍也不许用浅色的，以免浅色反光，使对方眼花缭乱。

红色鲜艳夺目，红光还能穿透云雾，所以赛跑时，发令员所用的发令旗就是用红布做成的。

人造石头

水泥，过去被称为“士敏土”“洋灰”，是非常重要的建筑材料。

人们把石灰石和黏土粉碎，在高温下煅烧，便制成了水泥。按照化学成分来说，它是硅酸二钙、硅酸三钙、铝酸三钙和铝铁酸四钙四种东西的混合物。水泥从轻飘飘的灰绿色的粉末，到变成结实的、硬邦邦石头的过程中，是一场复杂的化学反应——水化反应。硅酸二钙、硅酸三钙、铝酸三钙、铝铁酸四钙等和水化合，变成水合物。最初，当人们把水泥和水混合时，这场化学反应只是在水泥颗粒的表面进行。渐渐地，水分深入到水泥颗粒内部去，就形成了一种凝胶体。水分不能溶解这个凝胶体的小颗粒，时间越久，水化反应越完全，这些小颗粒间的吸引力也越来越大，就结成大颗粒，把水从颗粒间“挤”出去。这样，水泥就越来越硬，密度也越来越大。最后，终于结成大块大块的人造石头了。一般来说，从粉末状的水泥到坚硬的人造石头，大约需要 28 天。也正因为水泥只有遇水才能凝固，在保存水泥时，那就应该竭力避免水泥受潮。不过，尽管保存时很小心，水泥还会吸收空气中的少量水分，而逐渐变质，所以一般来说，水泥的储藏时间不宜超过三个月。

水泥在使用时，很少是“单干”的，而常常和沙子、小石子一起用水混合使用——也就是我们平常所说的“混凝土”“水门汀”。

随着生产的向前发展，人们不仅对水泥的需要量一年大于一年，而且对质量的要求也更高了。人们制造了各种各样新颖的水泥：有“快硬水泥”，在一昼夜之内就变硬；有的水泥五颜六色，不论是筑路还是砌房子，五彩缤纷，显得格外漂亮；也有的水泥颗粒表面包了一层有机防水膜，不怕雨，使用时把防水膜弄破，即可凝固；还有的水泥耐酸性很好，是化学工业上的好助手；有的能吸收放射性射线，是原子反应堆的好助手；有的能耐高温，是炼钢炉里的好助手……

水泥工业，正在迅速发展中。

水墨画的秘密

水彩画、油画，五彩缤纷，而水墨画只不过是用一种颜料——黑色的墨绘成的。认真地讲，也只不过有黑、灰、白之别。然而，水墨画并不给人们以单调的感觉，齐白石笔下的蝌蚪、虾、螃蟹，徐悲鸿笔下的骏马，都是那么栩栩如生，跃然纸上。黑白电影、画面上也只有黑、灰、白之别。如果你把水墨画、黑白片换成单一的红色、蓝色或者其他颜色，便给人以单调的感觉。

为什么黑色具有这么大的艺术魅力呢？原来，这是由于黑色是三复色的缘故：

颜料，有原色与复色之分。复色是由两种或两种以上的原色组成的。由两种原色组成的复色，叫双复色；由三种原色组成的复色，叫三复色。原色只有三种——红、黄、蓝（这与光学的基本色——红、绿、蓝是不同的概念）。原色相混合，即得复色，如红与黄相混合成橙色，红与蓝相混合成紫色，黄与蓝混合成绿色，而黑色则是由红、黄、蓝三色相混合而成的。

在人类的视觉中，原色比双复色单调，而双复色又比三复色单调。因此，水墨画、黑白片不会使人感到单调。

不倒翁和陀螺

不倒翁，整天一语不发地站着，从不躺下休息。即使你用力把它按倒，当你一放手，它又马上站了起来。它为什么有这股固执劲儿呢？把它的肚皮打开，马上就明白了：它的肚子上头空空的，底下呢？却有一块很重的东西。这样，它的重心很低，即使翻过来，上重下轻，它仍然会翻过去，怪不得非常固执。不倒翁“不倒”的道理虽然很简单，然而用途却很广。仔细看看你的周围，就会发现有不少大的“不倒翁”。

就拿船来说吧，在一般的风浪中，它们依然可以来往如梭地航行。小船为啥不易翻呢？原来，船底部有个“龙骨”，里头放着一些重的东西，如铁条、石头、木头等，这样，就活像个大不倒翁，不易翻倒。

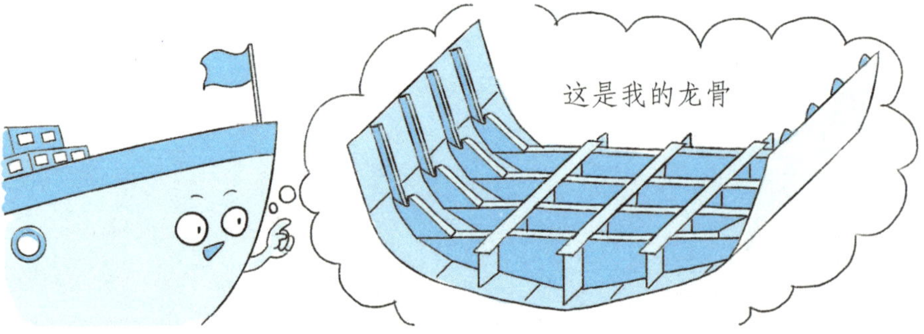

比赛用的快艇，它的龙骨是用铅做的，虽然船小，大风也难吹翻。轮船在装货时，总是把货放到船底，也是为了“不倒”。

陀螺，俗称“捻捻转”，是小孩们喜欢玩的一种玩具，它比起不倒翁来要活泼一些，但是，它的脾气也很固执，你越是用鞭子打得重，它越是倔强地站着转，不肯倒下去。

科学家研究证明，一切旋转着的物体都与陀螺一样，有着固执的脾气。人们就巧妙地利用它们的脾气，让它们为人类服务：比如，骑自行车，当行驶时，两个轮子不断旋转，自行车就倒不了。但是，一刹车轮子停了，自行车也就倒了。小孩玩的铁环同自行车的道理差不多。

不倒翁与陀螺，只不过是两个普普通通的玩具而已，但它们却包含着许许多多的科学道理。亲爱的读者，愿你仔细地观察生活，用科学道理去加以解释。

金属杀菌

如果说银子能够溶解在水里，这似乎是一件很难令人相信的事。然而，科学家们发现一个有趣的事情：盛在银碗里的水，可以放置几个月、甚至几年也不腐坏。

这是为什么呢？科学家们经过仔细研究，才找到了原因。原来，当银子和水接触的时候，一小部分银会变成银离子而溶解在水里。虽然溶解在水里的银离子浓度极稀，也能够把水中的细菌杀死。

有趣的是，古埃及人在2000多年以前已经知道把银片覆盖在伤口上，以进行消毒。

后来，他们更知道在沙子里放一层薄薄的银粒，把水过滤，达到消毒的目的。现在，在医院里，人们用银丝织成银“纱布”，绑在病人的伤口上。自来水厂里，人们在两块银板之间通上不大的（10毫安左右）直流电，每小时能消毒4000升以上的水。

不仅是银子能杀菌，人们还发现，把水装在铜、铅、锡、锌等金属容器里，也能把细菌大量杀死。据测定，如果把一滴含有100个细菌的水滴在玻璃片上，5分钟后细菌会变成103个，而1500分钟后细菌会变成543个（繁殖）。然而，把同样的水滴在青铜（铜锡合金）片上，5分钟后细菌只有85个，1500分钟后细菌仅存3个。

金属的杀菌作用，平常往往为人们所忽视。然而，科学家们在研究深海中微生物的分布时，就不能不“刮目相待”。因为科学家们大都是在轮船上用绳子把一个个取样瓶放到海水里，以便取到不同深处的海水，研究其中的微生物。深水中的压力很大，微生物不多，以前所用的取样瓶都是黄铜、青铜的，常把微生物大量杀死，影响研究。换用玻璃瓶吧，它一碰就碎，不结实。现在，人们在黄铜的取样瓶的内壁镀了一层白金（铂），就能使研究工作顺利地进行下去了——因为白金不会杀菌。

锈的种种

金属常常会生锈。一提起锈来，人们总是讨厌它，憎恨它。其实，正如细菌未必都是坏的一样，锈也不能一概而论，也有好有坏。

就拿铁锈来说，常见的有两种——氧化铁（三氧化二铁）和四氧化三铁。氧化铁是红棕色的，就是一般铁器上的锈。氧化铁非常疏松，不结实。据测定，一块铁完全生锈变成氧化铁之后，体积比原先增加了 10 倍。不仅如此，这样的铁锈又很容易吸水，成了氧气继续向铁进攻的基地。有了氧化铁锈斑的铁器，常常会很快地烂个大洞。然而，如果你把一把没擦干的小刀放在火上一烤，表面就会变蓝变黑，这蓝黑色的东西同样是铁锈——四氧化三铁。这样的锈和氧化完全不一样，它像一件结实的蓝黑衣服，穿在铁器的表面，保护着铁器，隔绝了氧气，使铁器不至于再被锈蚀。正因为这样，人们欢迎它，在有的工厂里，特地把铁器做“发蓝”处理，使它表面生成一层致密的四氧化三铁的锈。中国最著名的剪刀有两种：杭州的张小泉剪刀和北京的王麻子剪刀。张小泉剪刀是银闪闪的，那是因为表面镀了一层镍；而王麻子的剪刀是黑色的，那便是经过“发蓝”处理，表面有一层四氧化三铁。

铝也很易生锈——比铁还容易生锈得多！但是，铝却不像铁那样容易腐蚀，这是因为铝锈——白色的氧化铝（三氧化二铝）和四氧化三铁一样，能够保护内部的铝，使它不再继续生锈。你从口袋里掏出个硬币看看，它是用铝做的，表面看上去总有点发白，那就是氧化铝薄膜。这层薄膜是名副其实地薄，只有 0.0002—0.0004 毫米厚。

换句话说，几百张这样的薄膜叠起来，也只有你手中的这本书的一页纸那么厚。现在，人们常常利用浓硝酸、重铬酸钾、高锰酸钾等强氧化剂米使铝氧化，在表面生成一层比较厚的铝锈，以便使铝制品更加耐用。可不是吗？百货公司里的一些新的铝饭盒、铝锅，表面都是灰白色的，那就是因为经过加厚处理的缘故。

铜器用久了，表面会变暗、发黑，这是铜在生锈——表面生成一层黑色的氧化铜。这件黑“罩衣”，同样能像一层漆一样保护着铜，不使它锈蚀。不过，铜锈不止这一种，铜还能和二氧化碳、醋发生作用，生成“铜绿”——绿色的碱式碳酸铜或者醋酸铜。在铜锅上，便常看到这样的铜绿。铜绿有毒，而且又疏松又容易吸水，和氧化铁一样。这样，人们常在铜锅内壁镀上一层锡，以防止生成铜绿。

看不见的“电池”

日常生活中，有许许多多人们看不见的“电池”。你曾注意到这样的事吗？一个马口铁做的罐头盒，如果碰破了一块地方，铁皮便会很快地生锈、腐烂。这就是因为有了一个看不见的“电池”。马口铁，是在铁皮上涂了一层锡做成的，碰破了一点儿地方后，破处沾上罐头汁或水分，而罐头汁、水分中大都溶有一些食盐（氯化钠）之类的电解质，于是便在铁和锡之间形成一个小小的电池。铁的化学性质比锡活泼，在这个小电池中，铁成为阴极，因此它就很快被腐蚀，烂成一个个小洞洞。

人们很喜欢白铁皮。用白铁皮做的屋顶、水槽，虽然经常受到风吹雨打，但总有几年可用。白铁皮之所以比马口铁耐用，是因为白铁皮上涂的是锌，锌的化学性质比铁活泼，因此当形成“电池”时，锌总是首先“牺牲”自己，充当阴极，这样就保护了铁，延长了铁皮的寿命。

在钢板上钉上铜的铆钉，在铝板上钉上不锈钢钉，钢刀装上铜把……也常常会形成“电池”。不只是不同金属之间会形成“电池”，有时即使是同一种金属，由于各部分的湿度或表面状态不一样，也会产生电位差，形成电池。例如，家里的铁桶常放在潮湿的地上，底部潮湿，表面的空气没有像其他部分那样流通，因此底部的底板比较容易放出电子，成为阴极，受到腐蚀，铁桶常是底部受蚀便是这个缘故。

这些看不见的“电池”，会使金属生锈（被称为“电化学性的锈”）。电化学性的锈，是我们的“敌人”。为了防止形成这样的“电池”，最干脆的办法是制造时采用同一种金属。但有时实际生产中又必须采用不同的金属，这时，最重要的防止电化学性的锈的方法，就是防潮！要形成“电池”，就离不了电解质。平常，大都是金属表面受潮，凝结一层水分，而大气中的灰尘（灰尘上常有许多盐类）、二氧化碳、二氧化硫、二氧化氮逐渐落进或溶解到水里，形成电解质溶液，在两种金属间构成电池。

玻璃世界

据考证，古代的腓尼基人与埃及人在几千年前便制成了玻璃。然而，直到200多年前，制造玻璃才成为一项工业。玻璃的家族出现了许多后起之秀。

玻璃很脆。然而，人们把玻璃烧熔，抽成很细的玻璃纤维，它就像蚕丝一样轻、柔、滑、软。它可以纺成纱，织成布或拧成玻璃绳。玻璃布很薄，不会燃烧，而且绝热，可以用来制作蚊帐、窗帘、过滤布和救火衣。至于玻璃绳，被称作“绳中之王”，手指那么粗的玻璃绳就可以吊起两三辆满载的卡车。因此，它常用来制作船缆或起重机吊绳。

把一层层的玻璃布浸在热熔的塑料中，加热后制成了玻璃钢。玻璃钢既硬又韧，与钢铁不相上下，但是它很轻，而且又不会生锈，这是钢铁所望尘莫及的。现在，人们已广泛地用它制造汽车与轮船的外壳。用玻璃钢制成的小汽车，重量与一辆钢制的自行车差不多。

玻璃家族中，还有一位能与钢铁比高低的后起之秀——钢化玻璃。如果把一个1千克重的铁球从1米高的地方摔到钢化玻璃上，铁球会被弹起来，而钢化玻璃却没有损坏！

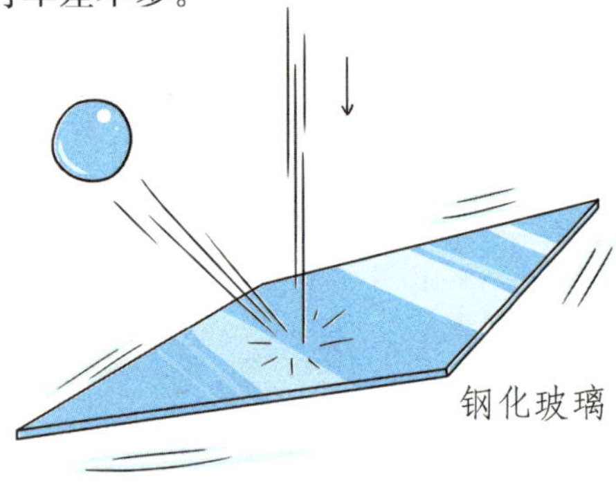
钢化玻璃

人们还发明了一种金属玻璃，它含有少量的金、银、铜，比高碳钢还坚硬，“削铁如泥”，可以用来切削金属。

如果在玻璃中加入硼、铯、硅等，就能制成低熔点玻璃。这种玻璃大约在200 ℃就会熔化成为液体，是铸模、轧钢机中很好的“润滑油”。

如果在玻璃中混进许多气泡，就能制成蜂窝般的“泡沫玻璃”，它像棉花般轻盈，是很好的隔音、绝热材料，可以用来制作电冰箱、电话亭隔板、浮桥的桥墩。

有趣的是，还出现了一种新颖的玻璃——“防蝇玻璃”。防蝇玻璃呈现特殊的红色或黄色，苍蝇见了便逃之夭夭，这对于食品商店实在是太需要了。

玻璃的颜色

纯净的玻璃是无色的，然而，我们平常用到的玻璃瓶、玻璃杯之类玻璃制品，却往往是五颜六色的。彩色玻璃，大都是掺进一些金属的氧化物、硫化物、胶体金属以及一些金属盐类所造成的。

赭色的铁锈是大家所熟悉的，它的化学成分是三氧化二铁。有趣的是，如果制玻璃时掺入它，那么，玻璃会变成黄色。如果掺进氧化亚铁，玻璃会变成绿色。如果掺进硫化亚铁，玻璃则变成棕色。硫化亚铁的含量较大时，玻璃甚至变成黑色。

炼钢工人、电焊工人所戴的蓝色护目镜片，是含有氧化钴的玻璃制成的，它能挡住刺目的紫外线。普通眼镜的镜片，常常是带浅红色或浅蓝色，那是加了稀土金属的缘故，像常见的浅红色镜片（克罗赛）是加了氧化铈，淡蓝色镜片（克罗米斯）则是加了氧化钕。这些镜片同样能吸收紫外线或红外线，以保护眼睛。

有趣的是，如果在玻璃中加入极细的金的微粒，玻璃便会发出红宝石般的色彩。铜或硒的微粒同样能使玻璃呈现红色。北京展览馆顶上的红星，所嵌的便是硒玻璃。然而，把银微粒加入玻璃，玻璃却会变成黄色。

制造玻璃的原料——沙子和石灰石，总含有少量的铁，制成的玻璃大都是绿色的。这种绿色玻璃最便宜，像墨水瓶、酒瓶、酱油瓶，大都是绿色的。

然而，怎样才能制成无色的玻璃呢？最干脆的办法自然是不采用含铁的沙子和石灰石，但是这种办法的成本太高了。人们经过探索，终于找到一种简易的办法——往绿色的玻璃中加入适量的二氧化锰。原来，加入二氧化锰后，它能把玻璃中的二价铁变成三价铁，而二氧化锰中的锰（四价）被还原成三价锰。含有三价铁的玻璃是黄色的，含有三价锰的玻璃是紫色的。

在光学上，黄色和紫色是互补色，黄光和紫光相混可以变成白色的光。因此，加上二氧化锰后，玻璃的绿色便消失了，变成了无色。

玻璃的“风化”

常常可以看到这样的事：在一些“年纪”比较大的房子里，窗玻璃仿佛是蒙上了一层白色的轻纱，变得不太透明。假如其中的一块被打碎了，换上一块新的玻璃，比较一下就会看得更清楚。这正如俗话所说的“不怕不识货，只怕货比货”，相形见绌，十分明显。

玻璃表面这种发白的现象，在化学上称作玻璃的“风化”。

玻璃的风化，常常与水分有很大的关系，因为主要是附着在玻璃表面的水分，使玻璃中的可溶性成分发生水解，生成一些白色、不透明的化合物。例如，最常见的玻璃中的硅酸钠遇水水解，生成了硅胶体与氢氧化钠。硅胶体失去后，便变成白色的二氧化硅，附着在玻璃表面。氢氧化钠会吸收空气中的二氧化碳，生成白色的碳酸钠结晶，也附着在玻璃表面。碳酸钠是易溶于水的，可以用湿布擦去，二氧化硅则是不溶于水的，用湿布很难把它擦掉。正因为玻璃的风化是与水分有关系的，因此，如果更仔细地观察那些年代较久的房子里的窗玻璃，便可以发现：朝外的经常被雨水淋着的一面，白蒙蒙的程度更甚些。

不仅窗玻璃如此，一些存放药品、罐头食物、汽水、啤酒的玻璃瓶内壁也常常会发白。

人们发现：如果提高玻璃中氧化硅的含量，可以增加玻璃的稳定性。如果增加玻璃中氧化钠的含量，特别是含量超过13%以后，玻璃的化学稳定性将降低，很易发白。

氧化硅含量较高的玻璃，熔点高、不易制造、成本较高，通常用来制作一些比较高级的玻璃制品。

普通玻璃价廉，但氧化钠的含量仍是较高的。为了防止这些玻璃变白，人们就在玻璃表面涂上一层有机硅化合物，这样，便可防止水分对玻璃的侵蚀。

玻璃做的“棉花”

玻璃和玻璃制品很常见，然而，人们对玻璃棉可能就不太熟悉了。

说来奇怪，又硬又脆的玻璃，怎样做成洁白柔软的棉花的呢？原来，在工厂里，人们把玻璃加热熔化成液体，这种液体再从一个白金坩埚底部的许多小孔内挤出，经冷风一吹，就能凝成比头发还细的玻璃纤维。据计算，1 千克玻璃液能拉成 10 万千米的纤维。玻璃纤维的“脾气”和玻璃完全不一样，它不脆，富有弹性，而且非常结实，比铁丝还要结实一倍。玻璃丝被切成一段段后，就成了玻璃棉。

玻璃棉，看上去很像棉花，雪白的，但是比棉花更光亮、更柔软、更光滑。玻璃棉的特点是轻。据测定，1 立方米的玻璃重达 500 千克以上，而 1 立方米压紧了的玻璃棉，却只有 100 千克。玻璃棉为啥那样轻呢？因为它富有弹性，不易压紧，纤维之间充满空气。玻璃本身已是热的不良导体，再加上夹着那么多的空气，所以玻璃棉的绝热性能特别好。在工厂锅炉、蒸汽管外边包上一层玻璃棉，就能减少热量散失。所以它是工厂恒温车间最好的保温材料。同时它还具有隔音的良好性能。10 厘米厚的玻璃棉，与 1 米厚的石膏或人造板的隔音效果差不多。另外玻璃棉的耐腐蚀性能也特别好，在工业上，常被用来作滤布，这不仅节约了棉布，而且寿命也比棉布长四五倍甚至十几倍。

玻璃棉可以纺成纱，制成玻璃绳或玻璃布。玻璃绳非常结实，可作为起重索。玻璃布的绝缘性能好，用它作绝缘材料，可以缩小电机的体积，节约不少金属。不过，玻璃纤维对皮肤有刺激性，目前还不能用来制作衣服。如果把一层层的玻璃布浸在熔化了的塑料液中，冷却后，它还可以制成大名鼎鼎的玻璃钢。

惜煤如金

我们应该用“惜煤如金”的精神节约煤炭。

怎样节约煤炭呢？方法很多。

工业上用的煤，有无烟煤和烟煤。无烟煤很耐烧，燃烧时间比烟煤长15%—25%，可是发火慢，价格高；烟煤（特别是一些低质煤）所含的挥发成分多，发火快，但是不耐烧，容易结焦。如果把这两种煤按一定的比例混合燃烧，可以取长补短，燃烧得好，而且能节约用煤，降低成本。另外，在使用前，往煤上泼少量的石灰水或水，也能节约用煤。

在烧煤时，要掌握省煤的四字诀：勤、少、快、匀。勤是加煤要勤，少是每次加得要少。少加勤添，可以使煤层比较薄，通风好，燃烧完全。如果煤装得满满的，炉膛通风不好，烧不透，就会有许多“二煤”掺在炉灰里被抛弃掉。另外，当每次打开炉门加煤的时候，外面的冷空气又会“钻空子”，乘机窜入炉膛，降低炉内温度，添煤次数多了，冷空气窜入的机会也就多，这样也会造成烧煤的浪费。所以，为了尽量减少外面冷空气“侵入”的机会，添煤动作就必须快。采用脚踏炉门很方便，技术熟练的，每次添煤时间可以缩短到2秒钟。

添煤不仅要快，而且要匀。如果不匀，炉内煤层有厚有薄，就会有的地方燃透了，有的地方燃不透。

煤燃烧后，产生大量渣、灰，必须及时扒出来。炉排上积灰过多，会把通风的道路堵死，影响煤的燃烧。炉排之间的空隙不能太小，小了灰不容易漏下去；也不能太大，大了会漏煤。一般来说，空隙以煤块的三分之一大小为宜。

烟垢和水垢也要经常去除。烟垢多了，烟囱会“感冒”，通风不好。一般一两个月就要清一次。水垢的害处更大，因为水垢比铁的导热本领要差20—40倍，如果锅炉上有1—2毫米厚的水垢，就会多浪费煤2%—5%。另外，还要经常检查锅炉是否漏气。据统计，如果在100磅（1磅≈0.45千克）的压力下，锅炉上有2毫米直径的小孔，一年之内就会漏掉四五十吨水蒸气，浪费七八吨煤！水蒸气管道、阀门，也不能漏气。冬天铁管散热很快，蒸汽导管最好用稻草包起来。有些蒸汽在使用后还有余热，用它来预热锅炉用水等，也能节约烧煤。节约煤炭方法多。让我们用“惜煤如金”的精神找方法，为祖国的社会主义建设节约更多煤炭吧！

废木料的利用

日常，人们在制作各种木器时，锯开整段的原木，总会剩下不少碎木块、刨花和锯末，它们派不上用场，只能作为燃料烧掉。所以原木的利用率，往往只有70%左右，这是多大的浪费。如今，废木料的充分利用，早已成了节约木材的一项重要工作。

碎木块能够“化零为整”。人们先把碎料锯成长方形，拼成一大块，再用酚醛树脂、脲醛树脂等胶合剂浸渗，然后经过热压处理，就能变成整块的胶合木。

如果改用牛皮胶和甲醛作胶合剂，甚至不用热压，也能胶合碎木块。这种胶合木，强度可达一般木材强度的90%左右，同样可用来制造各种家具和地板等。

刨花也不是废物。如用树脂溶液浸渗，再热压成板状，同样可以代替普通的木板，甚至还能制成机器零件和建筑构件，十分耐用。据统计，把

1.3立方米的刨花压实后，可以制成1立方米的刨花板。现在不少学校里的课桌桌面就是用刨花板做的，这种桌面没疤没节，十分平整。如果把刨花蒸煮软化，使纤维分离，再拌入树脂，还能制成一种质地细腻、均匀的硬质纤维板，用它做地板，耐磨耐水，寿命比原木地板还要长得多。从刨花中提取纤维做成的厚纸板，可用来制作硬纸箱。

也许，你以为像面粉一样的锯末，总派不了什么用场吧？其实不然。

人们将锯末和菱苦土、氯化镁浆液掺在一起，就可以制成漂亮的人造大理石。这种人造大理石，质地坚硬，而且耐火。

木材是重要的工业原料。但是，木材来自树木，产量有限，所以利用碎料变整料，劣料变好料，这也是节约木材的重要途径之一。

化学药品的俗名

人除了有一个正式的名字以外，还常常有小名、外号。化学药品也一样，除了有一个化学学名之外，还常常有俗名。

俗名的来历，各式各样。

很多化学药品，特别是颜料，它们的俗名常常与颜色有关，这样的俗名通俗，又容易记住这种化学药品的颜色。例如：白色的碱式碳酸铅俗称“铅白”，氧化锌称“锌白”，硫酸钡称“钡白”，二氧化钛称“钛白”；黄色的硫化镉称“镉黄”，铬酸铅称“铬黄”，醋酸铅称“铅黄”；三硫化二砷称“雄黄”；亚铁氰化钾称“黄血盐”；红色的硫化汞称“朱砂”，四氧化三铅称“红丹”，铁氰化钾称“赤血盐”；此外，像天蓝色的硫酸铜结晶称“蓝矾”，浅绿色的硫酸亚铁结晶称“绿矾”，黄色的硫晶体，俗称常加一个字——“硫黄”。

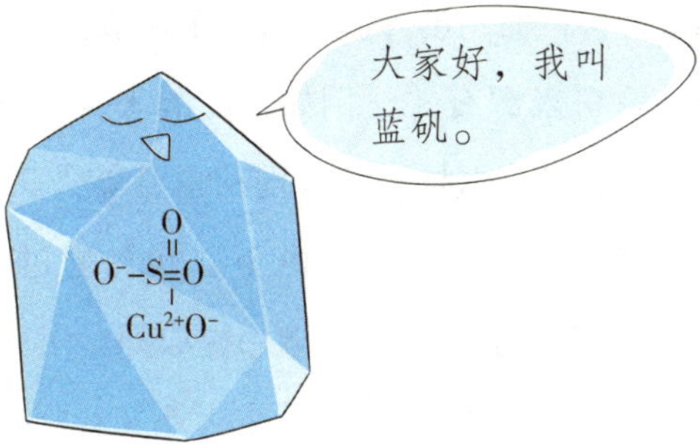

也有的俗名，是表达化学药品的性状、特点。例如：硅酸钠俗称“水玻璃”，它的化学成分与玻璃相似，而平时又是无色液体，与水相似；“水银”是汞的俗称，则是由于它的外貌像“水一样的银子”；“有机玻璃”是聚甲基丙烯酸甲酯塑料的俗称，因为它是有机物，而且无色透明，又很像玻璃；“糖精”不是糖，它的化学名称是邻磺酰苯酰亚胺，由于味道像糖，

而又比糖甜得多，故名；丙三醇、乙二醇同样由于甜，俗称为“甘油”“甜醇”。而炸药三硝基苯酚则由于味苦而被俗称为“苦味酸”；氢氧化钾、氢氧化钠由于具有强烈的腐蚀性，被俗称为“苛性钾”“苛性钠”。氢氧化钠、硝酸也因具有强烈腐蚀性被称为“烧碱”“硝镪水”。

至于以腐蚀性强烈而著称的盐酸与硝酸的混合物（3 体积盐酸与 1 体积硝酸混合）则称“王水”；天然的硫酸钡晶体，由于比重大，俗称“重晶石”；“金刚石”的化学成分为碳，由于非常坚硬而得“金刚”之“石”的光荣称号；乙酸戊酯具有香蕉般的香味，被称为“香蕉精”。

“方铅矿”的化学成分为硫化铅，它的晶体为方形。“闪锌矿”的化学成分为硫化锌，它的晶体闪闪发亮。

不过，也有的是属于人们的误解而取的俗名，如把石墨称为“铅粉”或“铅笔粉”，其实石墨根本不含铅，它的化学成分是碳。

还有的化学药品的俗名，则与它的用途分不开。例如：硫酸镁用作泻药，俗称“泻盐”；酚醛塑料主要用作电器工业的绝缘材料，俗称“电木”；脲醛塑料也用作绝缘材料，而它的外貌又近似玉，故俗称“电玉”。

有的俗名，则与原料来源有关。例如：乙醇来自酒（现在已可人工合成），俗称“酒精”；甲醇来自木材干馏（现在也已能人工合成），俗称“木精”；乙酸来自醋，俗称“醋酸”；甲酸由于最初是通过蒸馏蚂蚁得到的，因此俗称“蚁酸”；碳酸酰胺最初是从尿液中提取到，俗称“尿素”。

此外，还有很多化学药品的俗称，则是从外文音译而来的。这样的例子几乎举不胜举，常见的有“氨”，俗称“阿摩尼亚”；甲醛的水溶液（不是甲醛）俗称“福尔马林”；聚酰胺类纤维俗称“尼龙”；聚乙烯醇缩醛纤维俗称“维尼龙”；聚对苯二甲酸乙二酯纤维俗称“涤纶”；聚丙烯腈纤维与其他纤维的混纺物俗称“奥纶”；硫代硫酸钠俗称“海波”（又称“大苏打”，而“小苏打”则是指碳酸氢钠）。

化学俗名的优点是容易记，然而，由于有了俗名，而使一种化学药品有了两个甚至三四个名字，也容易使人混淆不清。弄清楚了俗名的来龙去脉，可以有助于我们辨清俗名，进行记忆。

顺便提一句，硫酸铵俗称“肥田粉”，这名字既通俗又富有宣传力量。不过，它在农村常被称为“硫酸铔”，这“铔”字却是自造的，是错误的，化学上并没有“硫酸铔”这样一个名词。

笔尖种种

在纸还没有发明之前，人们所使用的“笔”是刀和凿子。我国古代的甲骨文，是用刀在龟壳和牛、羊的骨头上刻成的。在古巴比伦，汉谟拉比大帝把法典用凿子刻在一根 8 米高的石柱上，竖在市中心。这石柱至今已四千多年，上面的字迹还看得很清楚。但自从发明了纸以后，各式各样的笔也就诞生了：中国人习惯用毛笔，希腊人习惯用羽毛管削尖制成的蘸水笔，埃及人则用芦苇管制成蘸水笔。然而，现在最流行、使用最普遍的笔还是自来水笔，因为它使用最为方便。

自来水笔是从古代的蘸水笔发展而来的：它的笔管里装着一个小“墨水瓶”——胶囊，用来储藏墨水，使用时就不必老是去蘸水。它的笔尖细而耐用，不像羽毛管、芦苇管那样，写着写着就变粗了，不得不随时用刀子把它削细。

自来水笔的笔尖，分为三类：金笔尖、铱金笔尖和钢笔尖。其中金笔尖最好，铱金笔尖次之，钢笔尖最次。

金笔尖、铱金笔尖和钢笔尖的不同，首先在于笔尖本身：自来水的笔尖，必须是容易弯曲而又经久耐用的。金笔尖并不是全部用黄金做的，因为黄金太软了，人们往里掺进银和铜，使它变得坚硬一些。含铜越多，金笔尖就越硬。在金笔尖上常常写着“14K”或“14 开”的字样。“K”即“开”，就是指在 24 份合金中金所占的份数。“14K”或“14 开”，便是说在 24 份合金中有 14 份是黄金。还有些金笔尖上写着“五成赤金”，实际上就是“12K”的，即在 24 份合金中有 12 份是黄金。

铱金笔尖和钢笔尖，都是用不锈钢做的。至于蘸水笔所用的钢笔尖，则是用便宜的碳钢做的，含碳约 1%。这种碳钢在墨水中浸久了，便会生锈。

金笔尖、铱金笔尖、钢笔尖更重要的一点区别，还在于笔尖头上的一粒小东西：金笔尖和铱金笔尖头上都有一粒银白色的小圆粒，而钢笔尖则没有。金笔尖、铱金笔尖比钢笔尖耐用，秘密也就在小圆粒——铱锇合金上。

铱和锇在大自然中含量非常少而又非常分散。它们的世界年产量总和只有几吨！铱是银白色的金属，非常坚硬耐磨，被称为金属的“强心剂”，因为在各种金属中加入少量的铱，制成的合金就会变得非常硬而耐磨。

保存在法国巴黎的国际米尺标本，就是由含有90%的铂和10%的铱的合金做成的。正因为有了铱锇合金作“前锋”，铱金笔尖的寿命才很长。有笔厂做过试验，把铱金笔尖和钢笔尖同时放在一块白油石上磨，一小时后，铱金笔尖只磨损0.07毫米，而钢笔尖磨损达51毫米！

金笔尖之所以贵，除了因为含有黄金之外，和这一小粒铱锇合金也很有关系。

每当你用金笔在纸上画一下时，笔尖就弯了一下，笔尖当中的那条缝就因弯曲而裂开，于是，墨水便顺着这条“小溪”流到纸上。铱锇合金像一道河堤一样，天天受着墨水的冲刷。墨水具有一定的腐蚀性，但那粒小白点却一点儿也不怕，因为铱和锇的化学稳定性十分惊人：实验证明，王水能溶解银子、黄金甚至铂，却不能溶解铱和锇！

笔帽上的小孔

小王从怀里掏出自来水笔写字，一拧开笔帽，墨水便漏出来了，弄得他手上都是墨水。小王怪这自来水笔的质量太差。谁知这话给老金听见了，他把小王的自来水笔拿过来看了看，只见他用一根大头针把自来水笔帽上的小孔捅了几下，从此小王的这支笔再也没出现漏墨水的毛病了。

这是什么原因呢？原来，这不是自来水笔的质量不好，而是笔帽上的小孔被脏东西堵住了。这个孔虽小，作用却不小。如果小孔被堵住，那么，自来水笔插在怀里，温度不断升高，笔内空气压力就会不断增大；骤然打开自来水笔，外部压力一下子减小，而笔管里的压力还是那么大，便把墨水挤出来了。笔帽上有了一个小孔，使笔内的压力与笔外的压力保持平衡，就不会发生漏墨水的现象了（当然，一些高级金笔的笔帽上是没有小孔的，因为笔内装有储水器）。无独有偶，茶壶盖上，也总是有个小孔。这个小孔的作用也不小：倒茶时，随着茶水不断倒出，壶内空气的压力便越来越小，到了后面，茶水就会倒不出来了；有了这个小孔，使壶内的气压始终保持与壶外一样，茶水就能很顺利地倒出来了。

俗话说："针尖小的孔能透斗大的风。"笔帽和壶盖上的小孔，就是起透风作用的。相反，宇宙飞船的舱壁，却决不允许有针尖大的小孔。因为太空是真空环境，万一飞船的舱壁有一个小孔，飞船内的空气便会朝外跑，就会使宇航员的生命受到威胁。正因为这样，宇宙飞船在上天之前，要严格检查密封状况，一定要堵住舱壁上的任何一个小孔。

你手里的这张纸

战国时代，有位学者叫惠施。惠施每次出门时，总是要带着五车的书一起走，这样，后来当人们形容一个人的知识渊博时，常说“学富五车”。

乍一听，这五车的书该足够多了，然而，实际上惠施这五车书如果用现在的纸来印，只消一个小小的书包便装下了，因为那时所谓的“书”，其实就是一大堆竹片，每个竹片上写着寥寥几个字。

自然，这样的“书”实在太笨重了，那时，读书人的书房看起来简直和现在的木柴仓库差不多。据说，秦始皇每天要批阅的来自全国各地的公文有100多斤重；西汉时，东方朔给皇帝上书，虽然不过三四万字，竟用了3000片竹片。

除了用竹片以外，也有些人把字写在丝制的绢上。苏秦向商鞅献上的万言书，据说便是写在绢上的。

绢又轻又软又牢固，用起来挺方便，然而，它太贵！

后来，人们发现把蚕茧缫丝时剩下来的乱丝捣烂、洗净，再贴在竹席上，晒干以后，便可以在上面写字，这就是纸的雏形。汉字中的“纸”字之所以写成绞丝旁，便是从这儿来的。

在稍老一点儿的历史书上，都记载造纸术是东汉蔡伦于105年发明的；也有书里除了提到蔡伦外，还提到另一位在当时和蔡伦齐名，精于造纸术的人——左伯。

造纸术，究竟是不是蔡伦和左伯发明的呢？1933年，我国考古学家黄文弼在新疆罗布泊的一个汉朝烽燧亭的遗址里，找到了一小张麻纸。据黄文弼的记载，这张纸是麻质、白色的方块薄片，四周不完整，长约40毫米，宽约 100 毫米，质甚粗糙，不匀净，纸面尚存麻筋。

经过详细的考证，黄先生断定这张纸是汉黄龙元年到汉元延五年（前 49—前 8）之间的产品。这就是说，早在蔡伦之前 100 多年，我国就已经有了纸！接着，在 1942 年，我国考古学家劳干和石璋如在西北的额济纳河旁的一个汉朝烽燧亭遗址里，也找到一张汉朝的纸。据考证，它应该是永元五年到永元十年（93—98）的产品，同样是在蔡伦之前。

这些都说明，蔡伦之前，我国就有了纸。

当然，我们并不否定蔡伦对我国的造纸术的进步作出的伟大贡献。蔡伦利用破渔网、破布、麻秆、树皮这些东西作造纸的原料，使纸的价格大大降低了。这样，自东汉以后，纸便逐渐大众化起来。

塑料“沙坑”

在运动场上，出现了引人注目的新颖的“沙坑”——塑料“沙坑”。它长约5米、宽约5米、深约1米半，里头不是装着沙，而是放着红红绿绿的泡沫塑料块。这种塑料“沙坑”既漂亮、清洁，又富有弹性，运动员从四五米高的地方掉下来，也不会跌伤。

这奇妙的塑料“沙坑”，是用乌里当塑料做成的。乌里当，是聚醚泡沫塑料的俗称。它是用环氧丙烷作原料，聚合成黏稠的胶液，然后掺进发泡剂、染料，流到一条长长的输送带上。当输送带从一排红外线灯下经过时，发泡剂便受热分解，产生许多气体，同时黏液状的塑料也进一步聚合，凝成富有弹性的固体，于是它顿时大大膨胀起来，成了一块宽2米、长十来米、高半米的塑料“面包”——乌里当。之后再经过滚压、烘蒸，便可以用切割机把它切成一片片或者一块块泡沫塑料了。

乌里当富有弹性。据试验，如果加压，把它压缩到原厚度的一半，经过一昼夜，放松后，在2秒钟内即可恢复到原厚度的92%。正因为这样，人们用它制成了“沙坑”、摔跤垫等。用它做的沙发，坐了50万次，弹性仍很好。现在，用乌里当制成火车上的卧铺、枕头以及专供烧伤病人躺的床垫，非常柔软、舒适。

过去，我国一些冷藏库工人的工作服是用棉花做的，又厚又重，特别是工人出汗后，衣服就更重了，很不方便。如今改用乌里当做成塑料“棉衣”，只有1千克重（包括面子和衬里），而保暖性能却比丝棉好得多。穿在身上，能透汗（因为它是开孔的），不皱，可以任意弯曲，而且柔软贴体。另外，它还抗霉，不怕虫蛀，耐水洗。在−40 ℃时，仍旧可弯曲，不脆裂，在干燥时加热到204 ℃，除发黄及抗撕裂性能稍有下降外，其他性能如旧。

人们还在软质泡沫塑料的表面粘上一层软质聚氯乙烯，再在聚氯乙烯上粘了各种颜色的人造毛、合成羊毛，这就制成了漂亮的人造毛皮，它可以与天然的狐皮、鹿皮相媲美。

在一些冷藏飞机、冷藏车、冷藏船中，用它作隔热材料。

乌里当中由于有许多气泡，因此很轻，而且隔音的本领很好。据测定，1 立方米的水重达 1 吨，而 1 立方米的乌里当只有 30 千克重！一些机场的墙壁上，会贴一层几毫米厚的乌里当塑料，这样，不仅冬暖夏凉，而且关上门后，可以大大减弱外边飞机的轰鸣声。在轿车内壁，有的也贴了一层乌里当，使车内显得安静多了。1 立方米的乌里当塑料，可供二十几辆小轿车作隔音之用。

乌里当还是制造口罩的好材料。这种塑料口罩很容易洗干净，而且很快就会干燥。

玻　璃　钢

1896 年，撑竿跳被列为奥运会的正式比赛项目，随后，撑竿跳的世界纪录不断被刷新，现在，已经超过 6 米。

然而，随着撑竿跳纪录的提高，却带来了一道难题：到哪儿去找又圆又匀称又足够长的竹竿呢？化学家们终于给运动员们帮了忙：他们用玻璃钢制成了又细又轻又韧又结实又足够长的圆杆。

玻璃钢，虽然名为“钢”，其实和钢风马牛不相及，只不过坚硬犹如钢铁罢了。玻璃钢是塑料和玻璃“合作”的产物，用行话来说，它叫作玻璃纤维增强塑料。在结构上，玻璃纤维是“骨头”，塑料是“肉”。

在制造玻璃钢时，先把成块的玻璃熔化，透过一个个极细的孔，拉成一根根白闪闪的玻璃纤维。玻璃的弱点在于脆，而玻璃纤维却很有韧性，又富有弹性，柔软犹如蚕丝。玻璃纤维的抗拉强度比同样粗细的羊毛、蚕丝、棉花都高，甚至比铁高一倍。人们把玻璃纤维像棉花一样织成玻璃布或玻璃毯，喷上一些黏合剂，敷上聚酯树脂、酚醛树脂、环氧树脂、三聚氰胺树脂或有机硅树脂等塑料，在金属模里加压受热，便制得了各种形状的玻璃钢成品。

塑料的弱点是不够结实，一旦有了坚韧的玻璃纤维来“撑腰”，就变得非常结实了。要是一颗子弹射到一块 1 厘米厚的玻璃钢上，子弹头不会穿过去，而是嵌进去或被弹回来。玻璃钢又很轻，重量只有同体积的钢的四分之一，而玻璃钢不锈、不烂、耐酸等特性，则更是钢铁望尘莫及的。正因为玻璃钢具有这么多优点，因此它得到了广泛应用。

用玻璃钢做汽车和轮船的外壳，既漂亮又轻巧，既坚固又不生锈。一辆用玻璃钢制成的小轿车的车身，只有 150 多千克，两个人便抬得动。火车车厢、冷藏车，也开始用玻璃钢制造。至于用玻璃钢做的自行车，更为轻巧，提在手里就像提一个小皮箱似的。玻璃钢汽艇，不锈不烂，比木船还轻，而且船身可以做成一个整体，不需拼接。更可贵的是，如果车身、船身的什么地方破了，只需要在周围涂点黏合树脂，再把一块块玻璃布像贴邮票似的往上贴就行啦。

玻璃钢制的水雷、炮艇、鱼雷快艇、轻型坦克，相继出现。

玻璃钢盖的房子美观、牢固、隔音绝热，而且很轻，甚至不必打地基。一幢三层的玻璃钢楼房，总重量只有 15 吨，而同样的砖瓦结构的三层楼房，则重达 80 吨。

在化学工业上，玻璃钢已经十分广泛地被用来制造储存盐酸、硫酸、醋酸、染料、漂白粉、油类等的容器以及管道、反应罐。

在农业上，人们开始使用新颖的玻璃钢犁，代替沿用几千年的铁犁。它既轻盈，又不易粘上泥巴，犁起来很省力。相比之下，铁犁要逊色多了。

玻璃钢的历史不长，人们在 1940 年才开始研究它，然而，现在它已经成了一种被广泛应用的材料了。

新皮鞋的来历

前几天，小杨买了一双皮鞋。鞋子外表美观，皮面光滑，透气透湿，穿着舒服。最奇特的是，这鞋用不着擦鞋油，只消用湿布一揩，光亮如新。

小杨的爱人细细看了这双皮鞋，说道：“这不就是人造革做的吗？”小杨摇摇头说：“它们是用合成革做的！”

合成革跟人造革有什么不同呢？小杨把从营业员老李那里听来的关于合成革的知识，讲给她的爱人听：

人造革已经很普遍，常见的手提包、旅行袋，大都是用人造革做的。人造革一般是在布上涂一层聚氯乙烯塑料制成的。用人造革做皮鞋，虽然也很耐用，但是不透气，汗脚的人穿了很不舒服。合成革是模仿天然皮革的结构和性能设计制成的，克服了人造革的这一缺点。

合成革名副其实，全部是用合成材料制造的：它的表面涂了一层坚固、耐磨、富有弹性的聚氨酯塑料。经过特殊的处理，聚氨酯塑料中产生许多微孔，可以透气。据测定，每平方厘米合成革表面，大约有 10 万个微孔！合成革的底布也是用合成材料制成的——把尼龙、涤纶、丙纶等合成的纤维絮成一定厚度，再用针刺制成无纺布（又叫非织布）。这种底布结实耐用，又能透气。聚氨酯塑料就是涂在这层合成底布上的。

合成革不仅透气性好，而且经久耐穿。人们每走一步，皮鞋就得“曲挠”一次，因此，曲挠强度是衡量皮革性能的重要标准。据测定，在 27 ℃人造革曲挠 710 万次就断裂了，而合成革曲挠 7100 万次才会断裂！

合成革的表面，可以加工成光面、压花、绒面、搓纹等，适合不同的需要。

天然皮革毕竟受自然条件限制。因此，大量生产合成革，能使大家都穿上漂亮、坚固、舒适的新皮鞋！

要懂得科学地休息

如果抄写一篇老长老长的文章，用蘸水钢笔抄写容易疲劳呢，还是用自来水笔抄写容易疲劳？也许你会说：用蘸水钢笔抄写容易疲劳。

答案恰恰相反：用自来水笔抄写容易疲劳。因为用自来水笔抄写时，一连几个小时都是在做着单调的抄写动作。如果用蘸水钢笔抄，每隔一两分钟，就得蘸一下墨水。蘸墨水的时间虽然很短，大约只占整个抄写时间的5%，但是，在这短暂的时间中，你的脑神经细胞却得到了一定程度的休息。

这个简单的例子说明了一个道理：要想很好地工作，必须很好地休息！不懂得科学地休息，就不能很好地工作。

休息不是消极的，更不是浪费时间。从生理学的角度来看，疲劳的实质就是大脑皮质的神经细胞过久地工作所表现出来的一种暂时失调的生理状态。人一旦疲劳了，工作效率便会大大降低。

休息，既然是这样重要，那么，究竟怎样休息才好呢？

休息，有各式各样的形式。当然，睡眠所占的休息时间最长。人不睡，生活会变得不可想象。人的一生中，差不多有三分之一的时间在睡觉中度过。在睡觉时，除了心脏、肺等少数器官在工作外，人体的绝大部分器官，特别是大脑皮质，都处于安静的休息之中。人体通过充足的睡眠之后，便可以大大消除疲劳。

睡眠固然是休息，可是，并不等于说睡得越多就休息得越好。严格地说，睡眠只能算是一种消极的休息。睡眠过多，反而会使人萎靡不振，懒洋洋的。人，每天在保证必要的睡眠时间之外，更重要的是，要懂得积极地休息！

对于脑力劳动者来说，参加一定的体力劳动，可以使大脑得到很好的休息。散步、郊游，也是一种很好的休息。在散步时，可以一边欣赏大自然的景色，一边呼吸新鲜的空气，接受日光的照射。列宁，便是一个很喜欢郊游的人，星期天，他常到莫斯科郊外去打猎、采蘑菇、游泳。

在工作之余，看电影、看戏、唱歌、打扑克，也是一种积极的休息。在文娱活动中，心情愉快轻松，可以很好地消除劳动时的紧张情绪。在17世纪，一位著名的英国医生曾很风趣地说："一个丑角来到城里，对城里居民的健康说来，要比把满装药物的十匹骡子赶进城里具有更重大的意义。"这话，是有道理的。

最后，应该特别强调的是经常参加体育活动，从某种意义上讲，也是一种非常好的休息。特别是对于脑力劳动者来说，参加体育锻炼，可以增强体质，显著提高劳动效率。著名的苏联生理学家巴甫洛夫，晚年也没有放弃体育锻炼，常常骑自行车，或者跟他的学生们玩击木柱游戏。自然，在体育锻炼中，也必须注意从每个人的身体条件出发，要适量、适时。如果锻炼得太累，不仅没有得到休息，反而增加了疲劳。

劳逸之间，存在着辩证的统一：休息是为了更好地劳动，而要想更好地劳动，必须很好地懂得休息。

说　梦

人会做梦。迷信的人，常常把梦看成是吉祥或是凶险的预兆。在古罗马和古希腊，教堂甚至专门雇用一些人，吃了麻醉药，睡在十字架前，醒来后把所做的梦告诉主教，而主教便把这些梦作为上帝的旨意来解释，预告凶吉。那个时候，人们认为做梦是灵魂离开身体后的遭遇。因此，古代许多民族都严禁把睡着了的人移动位置，害怕移动了会使灵魂回来时找不到身体。

梦，究竟是怎么一回事呢？著名的苏联生理学家巴甫洛夫揭开了它的秘密：大脑，是人体的司令部，它指挥着人体的各个部门。当人们醒着的时候，大脑皮质大部分都处于兴奋状态；睡着时，则进入了高度的抑制状态。睡熟后，开门声、谈话声等这些外界轻微的刺激，人的大脑皮质都不会感觉到。然而，在人刚要入睡或者快要睡醒时，大脑皮质局部处于兴奋状态，一旦有了轻微的刺激，便兴奋起来——这就是梦。清晨梦多，便是由于人们那时快要睡醒的缘故。

梦的内容，常常是东拉西扯、荒唐古怪的，它并不能预言未来。科学家们证明，梦的内容常和人们睡觉时所受到的外界刺激以及平常的生活经历有关系。在一个睡着的人的脚边放上一杯热水，这人醒来后也许会说梦见自己掉进了火山口；如果在他的手掌上放一块冰，他可能会梦见自己在冰天雪地里赶路，手脚都冻僵了。

俗语说："日有所思，夜有所梦。"有个人，母亲生了重病，她整天在床边哭。夜里，她梦见母亲死了。没过几天，母亲果然死了。迷信的人说，这是梦应验了。其实这并不奇怪，因为她白天就担心母亲死亡，所以才在夜里梦见母亲死亡。还有一个人，梦见楼梯扶手上有个洋娃娃，早晨起来一看，果然如此，他大吃一惊，以为梦真的能够“预言”，谁知他妻子听了却哈哈大笑，原来他的女儿把洋娃娃放在楼梯上已有一个多星期了，他白天上下班，虽然看到了，但没有留意。这白天不注意的小事，在梦里却得到了反映——他梦见洋娃娃放在楼梯上。

人体中的一些轻微的疾患在白天感觉不到，梦里却会感觉到。有个人梦见自己的脚被狗咬了，醒来时脚并不痛，但过了四五天真的痛起来了，还长出了肉瘤，迷信的人又说这是梦的应验，但经医生分析，认为这只是由于长肉瘤的初期并不很痛；在睡着时，大脑皮质大部分处于抑制状态，所以会感到清醒时感受不到的微痛，于是就做了被狗咬的梦。

所以，梦并不神秘，更不能预告吉凶，它只不过是一种普普通通的生理现象罢了。

换牙的时候

有一件事，使小珍珍一直感到非常奇怪：每天晚上临睡前，爸爸总是把自己的牙齿从嘴巴里拿出来，浸在一个装满清水的碗里。早上起床后，爸爸再把牙齿装进嘴巴。

小珍珍扳了扳自己的牙齿，一个个都挺结实的，怎么也拿不下来。爸爸的牙齿为什么却像积木似的能够拆拆装装呢？一天，当小珍珍问爸爸的时候，爸爸笑着告诉她："我的牙齿都是假的，是假牙呀！"

"什么？是假牙齿？"小珍珍听了，把眼睛瞪得大大地问道："那你的真牙齿哪里去了？""全都掉啦！"爸爸说着，坐了下来，细细地给小珍珍讲起他的那些牙齿的"经历"：

爸爸跟小珍珍一样，也是在六七岁的时候开始换牙——掉下乳牙，长出恒牙。可是，由于不注意爱护牙齿，新长出来的恒牙不"恒"，没多久就开始一个个掉落了。爸爸那时候喜欢用门牙咬铅笔杆儿、咬手指甲、咬核桃、开瓶盖，没多久，门牙就坏了，松动了。爸爸还喜欢在晚上吃甜饼，吃了以后不刷牙，结果细菌就使剩在嘴巴里的糖变成酸性的液体——乳酸，这种乳酸会腐蚀牙齿，把牙齿蛀成一个个洞。没多久，好端端的新牙，变成满是洞洞的蛀牙。这些蛀牙长脓、疼痛，弄得爸爸没办法，只好请医生把它们一个个拔掉，装上假牙齿。假牙齿终究不如真牙齿那么好，常常无法把食物嚼细，影响消化，引得胃、肠也生病……

正说着，妈妈来了。小珍珍仔仔细细看了妈妈的牙齿，嗬，妈妈的牙齿长得可整齐了，又白又好。妈妈说，她小时候很注意爱护牙齿，每天早上、晚上都刷一次牙；特别是晚上不吃甜的东西，而且在睡觉前把牙齿刷干净。这样一来，妈妈的牙齿都长得很好，一直用到现在还很结实。

小珍珍听了爸爸、妈妈的话，又看了爸爸、妈妈的牙齿，这才明白：从小注意爱护牙齿，坚持每天刷牙，该是多么重要！

巨人的秘密

北非某国，出现了一个巨人——苏来曼·阿里·纳斯赫努斯赫。他当时还只有 19 岁，然而身高已接近 2.5 米了！

消息传出以后，许多外国资本家都争着来“抢购”阿里——名义上说是为了邀请阿里去“疗养”。经过一番“争夺战”，最后是一位意大利的资本家获得了“胜利”。这些资本家为什么对阿里这样感兴趣呢？原来，他们只不过把阿里当成“摇钱树”，准备把他训练成一名篮球运动员，因为像阿里这样的高个儿，到了篮下简直不可抵挡。

在世界上，阿里并不是唯一的巨人。1905 年，在英国伦敦的展览会上，曾经“展出”了一个俄国巨人——焉胥饶，他当时只有 23 岁，然而身高 3 米多，体重 300 多千克！

和巨人相反，世界上还有许多“小人”——侏儒。他们虽然已经三四十岁，上了年纪了，个子却还和小孩差不多。非洲曾有个女侏儒，她的儿子在四岁时已经和她差不多高了！

为什么会出现这样奇怪的巨人和侏儒呢？秘密全在于人的脑子底部有一个手指头大小的东西——脑垂体，它分泌出一种生长激素，控制着人们的发育：一个人从小生长激素分泌过多，那么，他便会长成一个身躯高大的巨人；至于侏儒，则是由于从小生长激素分泌过少，导致发育缓慢，个子矮小。

激素，是人体内极为重要的内分泌物。激素又叫“荷尔蒙”，这是根据希腊文音译过来的，按照希腊文的原意，“荷尔蒙”就是“刺激”的意思。激素的种类非常多，除了生长激素以外，还有甲状腺素、胰岛素、肾上腺素等，它们在人体中都担任着重要的角色。

甲状腺素是从甲状腺中分泌出来的。用手摸摸你的喉头，前颈部中央有一块突出的软骨，甲状腺便在这软骨的两边。甲状腺素是一种含碘的氨基酸。在某些山区，有时会看见一些“大脖子”的人，那是由于山区缺乏碘（人平常大都是从海盐里摄取碘），甲状腺素不能顺利生成，造成腺体肿胀。甲状腺分泌太少，会使生长和发育缓慢，智力减退；甲状腺分泌太多，使人容易疲劳，眼球突出。

胰岛素是从腹部的胰腺里分泌出来的。缺乏胰岛素的人，常患糖尿病。这是因为胰岛素是人体内葡萄糖转化为糖原时不可缺少的催化剂，一旦缺乏胰岛素，血液中的葡萄糖含量便增高，到了一定程度，便从小便中排出——导致糖尿病。

肾上腺素是从肾上腺体里分泌出来的。肾上腺体像一顶三角形的小帽子戴在肾脏的上面。肾上腺素的生理作用，和脑垂体分泌的生长激素相似。不过，肾上腺素还具有强心作用，能够使小血管收缩，心跳加速，血压升高。在医学上，它被广泛地用作强心剂、止血剂。

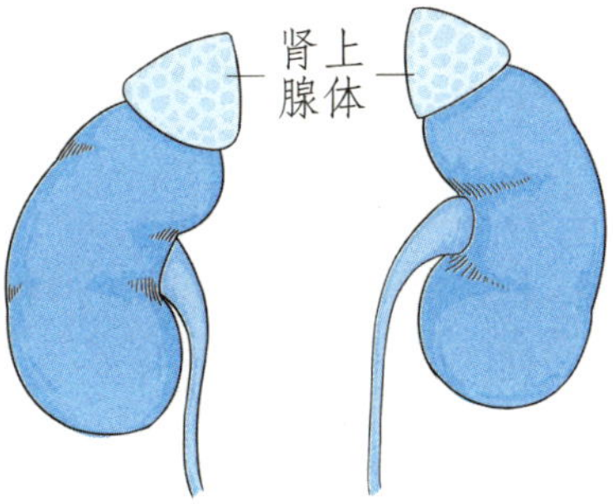

激素，在人体中如此重要，许多人常因激素分泌不正常而患病。侏儒是病人，巨人也是病人。为了这些人的幸福和健康，生物学家、药理学家和化学家合作：用化学的方法，来人工合成激素。

激素，按照化学成分，大都是属于甾体化合物。它们的分子结构很复杂，要人工合成激素并不是一件轻而易举的事情。就拿常常听到的医治风湿热、严重烧伤、肾炎、气喘、皮肤剥落的“氢化可的松”来说，科学家们从125万头牛的肾脏里，才能提取出几克“可的松”来。然后，测定了它们的分子结构，经过几十年的努力，才人工合成了它。甾体化学，现在成了尖端科学之一。我国著名的有机化学家黄鸣龙教授，便是专门研究甾体化学的，并且在这方面作出了许多贡献。

激素在人体内的含量往往是极少的。因此，要取得它就要从极大量的其他东西中才能得到一点点。同样，人们一旦用人工的方法合成了它，那么只一点点就可以冲稀几百万倍，制成大量的药剂。像现在医学上广泛使用的肾上腺素溶液，都是极稀的：1克的肾上腺素在制成后所需的用来冲稀的水，如果是装在街道洒水用的那种洒水车中，那么，需要装四万车！

正因为这样，世界的钢铁年产量是以万吨为单位计算，而世界上激素的年产量则是以克、毫克为单位来计算！

激素，多么奇妙，它是人体内不可缺少的“少”啊！

动物的颜色

不仅花儿万紫千红，动物界也是色彩缤纷。所不同的只是动物的颜色，常常是与周围的环境颜色差不多，这样便于隐蔽，保护自己。例如，螳螂、蝗虫是绿色的，与青草的颜色差不多；蟋蟀、蝼蛄是深褐色，近乎土壤的颜色；老虎、长颈鹿、金钱豹满身是黄底黑斑，犹如日光下摇曳着树叶影子的黄色林间小道的色彩；魟鱼、蝶鱼具有与海底颜色相似的银灰色；北极熊浑身雪白，与白皑皑的冰块难辨难分。当然，也有一些例外，如雄的孔雀、鸵鸟，颜色鲜艳，虽不利于隐蔽，但那是为了求偶。

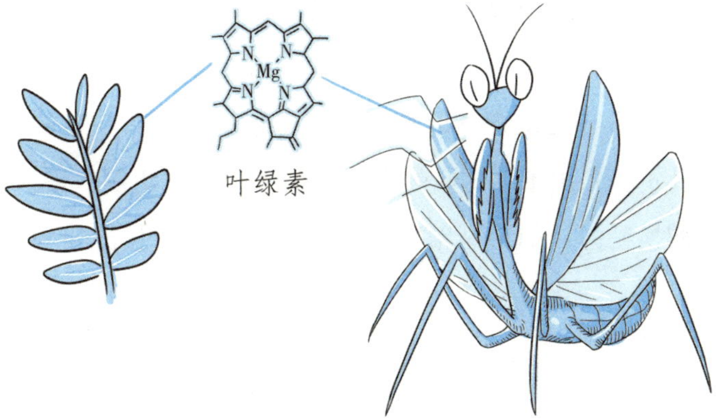

动物为什么有这么多颜色呢？这些颜色主要由两种原因造成：一是物理原因，一是化学原因（也有的是两者兼具）。

物理原因，即是借助于动物身上一些特殊的结构，使光线发生散射、干涉、衍射、折射，而变得色彩缤纷。这种颜色，又叫结构颜色。

结构颜色大都很鲜艳。例如，蝴蝶一向以美丽著称，它那翅膀上，便有上千上万张细小的、重叠的鳞片，而每张小鳞片上又刻着无数纵横交错的花纹，当光线射入重叠的鳞片与花纹间时，便发生衍射、干涉、折射等，白光被分解成五光十色；孔雀华丽的羽毛，则是由于具有一层极薄的角质薄膜，使光线发生干涉，产生虹一般的色彩。肥皂泡、水面上的汽油，那虹一样的色彩，也是由于光的干涉造成的；至于一些鸟的羽毛，常闪耀着蓝色的光芒，那是由于羽毛上有许多直径比光的波长还小的微粒，使光线散射，射出蓝光；一些动物的毛呈白色，则是因为那些毛上有成千上万个小气泡，使光线发生散射，这正如一堆肥皂泡沫一样呈白色。

化学原因，则是由于动物体内含有一些色素，使动物能扬辉耀彩。这种颜色，又叫作色素颜色。

最常见的动物色素有黑色素、黄色素、粉色素、青色素与花青色素。例如，乌鸦、黑熊、黑猫的黑色，是由于黑色素造成的，而红色知更鸟的红色来自红色素，黄色金丝雀的黄色来自黄色素。此外，也有些色素是直接来自食物——植物，例如蝗虫、螳螂的绿色，便来自植物的叶绿素。

有趣的是，鸟嘴的黄色，是来自植物的叶黄素与类胡萝卜素。如果在饲养幼鸟时，不给它吃植物性的食物，那么小鸟长大后，嘴的黄色就会极淡（那一点儿黄色是由于动物性的食物中也有少量类胡萝卜素）；更有趣的是，在红顶鹤换毛时，如果不给它吃些小虾，那么新长出的羽毛便不再是粉红色的了。

狡猾的狐狸

一提起狐狸，人们便自然而然地想到它的狡猾、聪明和敏捷。其实，长期生活在城市里的人，十个里头有九个没有见过狐狸，即使见过，也只是在动物园里看过。

然而，狐狸的“名声”为什么如此之差，会成了狡猾的象征呢？这大抵是和一些文学作品的影响分不开的。例如，蒲松龄的《聊斋志异》中描写狐狸——“狐仙”，怎样摇身变为美女，诱骗于人间。此外，在《克雷洛夫寓言》《伊索寓言》和许多童话里，狐狸也都一直是充当反面人物。我国古代也有个脍炙人口的“狐假虎威”的故事。正因为这样，狐狸在人类中的名声很臭。

说狐狸狡猾，的确一点儿也不假。狐狸的大小和狗差不多，看上去虽然并不怎么威武，然而，狐狸的行动常常极为诡秘。狐狸有着非常发达的嗅觉。平常，狐狸在巡猎食物的时候，总是爱躲在顺风的一边，用鼻子辨别着迎面吹来的风中是否夹杂着其他动物的气味。一旦嗅出以后，它便用它那“装有”富有弹性的肉垫的四肢，不声不响，迎风蹑脚而进，然后突然猛扑过去。狐狸的鼻端濡湿，经常分泌水分，遇到风吹便蒸发掉，因而它能感到寒冷或凉快。狐狸便是凭着鼻端的感觉，来辨别风向。由于狐狸的嗅觉极灵敏，因此，用陷阱、捕笼之类的东西是很难骗它上当的。

狐狸不仅敏捷、机警，而且也很聪明。在捕食时，狐狸常常会装疯卖傻，独个儿在那里“演出”，有时，两只狐狸一起“演出”。它们假装在那儿打架，引得兔子、鸟儿们来看热闹，趁这些家伙看得发呆的时候，狐狸冷不防扑了过去，把它们抓住。狐狸捕食时间大都选在夜间、傍晚或黎明的时候，一到了白天，便静悄悄地躲在草丛里，免得被人或其他野兽发现。狐狸在被人或其他野兽追击时，则常常会绕圈子，自乱脚印；遇上小河，便常躲到水里，等追击者过去了再溜之大吉。如果看看逃脱不了，狐狸甚至还会装死，躺在地上一动不动，趁着追击者放慢了脚步，向它走近时，狐狸便突然一跃而起，出其不意地逃走。

狐狸吃东西也不怎么讲究，反正能充饥就行：如果能吃到兔子，自然是最为满意了；要是吃不到兔子，抓山鸡、小鸟、小鱼、老鼠吃也行；再不然，吃青蛙、鸟蛋、昆虫以至野果都可以。

比起其他动物来，狐狸的尾巴格外突出：又大又长。这尾巴，用处可大哩：在追击野兔时，这尾巴便像船上的舵一样，可以使狐狸灵活地拐弯；睡觉时，只消把尾巴一盘起来，便成了又软又暖的褥子和枕头。

狐狸的大尾巴根部，还有一个臭腺，专门分泌臭液，而狐狸在行走时，又老是爱把大尾巴拖在地上，这样，凡是狐狸经过的地方，常留着一股狐臭的气味。这臭味，是为了让同类的异性知道而跟随着来。不过，这臭味也常给狼、狗的追击带来方便。

狐狸是多产动物，一胎常生五六只，有时达八九只。怀胎的日期也很短，一般只有 50 多天。母狐极善于“教育”子女，幼狐出生后不到半年，便学会了种种“狡猾”的本领，从而能够独立生活。

狐狸的分布很广，种类极多，在我国，主要是赤狐（真狐）与沙狐。由于狐狸常爱吃田鼠，对农业有一定的益处，不过，狐狸不“老实”，它肚子饿了便会到人家中偷起鸡鸭来。所以在农村，狐狸是不受人欢迎的。

对　虾

对虾，是我国黄海和渤海一带的特产。比起普通的虾来，对虾大多了，一般有筷子那么长，50—70克重，最大的约有150克重。

人们常常以为，对虾大抵是一雄一雌在一起，才称作对虾。其实并不是这样。“对虾”这名字，是因为渔民习惯用两只为一对来计算捕获的虾的数量，鱼市上也习惯以两只为单位计算虾的售价而来的。对虾，还有许多别名：因为它特别大，有人叫它“大虾”；活的对虾，体壳透明，有人叫它“明虾”；对虾体壳表面散布着一层有着棕蓝色色素的细胞，使虾看上去呈青蓝色，因此又有人叫它“青虾”；有的雄对虾，体色较黄，被称为“黄虾”；小对虾，北方人叫它“虾钱”。

对虾在动物学上，是属于节肢动物。它的身体是一节一节的，共20节。除了尾节外，每节上都有一对附肢，共19对。这些附肢，有的能捕捉食物，有的划水游泳，有的帮助爬行。对虾的头部，有一对火柴杆般的眼睛。这眼睛同人的眼睛不一样，是复眼，能够随意转动。这样，对虾用不着扭转身体，便能看到四周的东西。

活的对虾，甲壳像赛璐珞一样透明。透过甲壳，可以看到内脏。比如，在头胸部最前方，有一个绿色或橙红色的类似椭圆形的东西，那是胃。对虾是很贪吃的，喜欢吃其他虾类、海藻以及小甲壳动物、小贝类，这些东西是黑绿色或橙红色的。从它的胃到尾巴之间，是一根细长的肠；胃后部，有一团暗红色的东西，那是肝脏；最有意思的是在头胸部的末端，有一个黄白色的圆东西，在不停地跳动——那是心脏。

对虾喜欢生活在有泥沙底的浅海。每当春天来临的时候，居住在黄海南部的对虾，便成群结队地向华北沿海游去。俗话说：“虾游一条线。”还说："虾子过河——牵须。"对虾游动时，常是排成一条线游的。它们花两三个月，游到食料丰富的黄河口、海河口、滦河口以及辽东湾附近，开始产卵繁殖。产卵期从四月底直到六月底。

对虾的卵，是直接产于海中。卵很小，40 粒卵排成一行，也只有 1 厘米长。可是，一只雌对虾的产卵数是非常惊人的，多达几十万粒到 100 多万粒。

对虾为什么产那么多卵呢？这是因为对虾的卵孵化以后，要经过十几次蜕皮和复杂的变态，才能变成适应能力较强的小虾。况且对虾又是在浅海河口产卵，那里环境变化较大，孵化的幼体常大量死亡。对虾产卵虽多，但真正能适应环境而成长起来的并不多。因此，对虾产那么多卵，可以说是对自然条件的一种适应。

对虾的寿命不长，一般只能活一年多，产卵之后，就大批死亡了。

对虾肉质鲜美，富有营养。1 吨对虾的营养价值，可以抵 3—4 吨鱼。对虾除鲜食外，还常被晒干食用。带壳的干对虾叫"对虾干"，去壳的叫"大虾米"。

如今，我国除了出海捕获对虾外，北方沿海还人工养殖对虾，进一步提高对虾的产量，更好地满足国内外市场的需求。

月月常红

不论是料峭的早春还是炎热的盛夏，不论是萧索的深秋还是大雪纷飞的严冬，在公园、在路边、在山坡，你常常能看到一丛丛带刺的花梗上开着一朵朵粉红色的艳丽的花朵——月季花。

月季花，又叫月月红、长春花，都是因它一年到头开花而得名的。我国古代有一首歌颂月季花的名诗这样写道：“花落花开无间断，春来春去不相关。牡丹最贵唯春晚，芍药虽繁只夏初。唯有此花开不厌，一年长占四时春。”这诗，称赞了月季花月月常红。

月季花之所以月月开花，是由于它是一种喜温暖与阳光的植物，在平均气温 22 ℃—25 ℃中最宜生长。在适合的气温、光照下，月季花能不断长出花蕾，不断开花。不过，我国夏天较热，当气温在 30 ℃以上、阳光又强烈时，不利于月季生长，会造成它在夏天不开花的情况。这时，应把它移到阴凉处，才能使花蕾正常发育，使它在夏天也开花。一般来说，我国春秋两季最适合月季生长，因此这两季是月季花最繁盛的时期。

月季花属双子叶类、蔷薇属的常绿小灌木，在寒冷的地方，为落叶性灌木。月季的嫩茎上有刺，它的叶是奇数羽状复叶，一般由 3 片叶或 5 小片叶合成，也有的多达 9 片。叶的形状也不少，有卵圆形、椭圆形、倒卵形、披针形等，叶片平滑而有光泽，叶缘有锯齿。月季的花是完全花，花托多呈半球形或半椭圆形，萼片 5 裂，花瓣一般有 20—80 片，也有的多达

90 余片。月季花的果实是由花托发育而成的肉质假浆果，呈球形或壶形，在秋末冬初时成熟，果肉内含栗色的种子 10 多粒。

人们常用扦插、分株、嫁接等方法进行月季无性繁殖，也用播种法进行繁殖，培育珍贵品种。

我国早在明代时栽培月季就十分普遍。当时，著名医药学家李时珍在《本草纲目》中记载："月季处处人家多栽插之，气味甘温、无毒，主治活血、消肿、解毒。"可见，当时月季不仅栽培普遍而且还用来治疗疾病。

经过人类千百年来的辛勤培育，月季品种不断增加，现在多达千种以上，花色有白、黄、红、紫等色，甚至还培育出了绿色的月季花。

鬼火的底细

夜里，特别是在没有月亮而十分闷热的夜晚，当你从田野上或者坟堆旁走过时，偶尔会看见远处出现一个个浅蓝色、飘忽不定的火团，这火团小的只有乒乓球那么大，大的可以有脸盆那么大。在我们中国，叫这火为“鬼火”；也有的古书称它为“人魂”，意思是这是死人的化身；在拉丁文中，称它为“dgmisfatuns”，意思是“愚弄人的火”。

“鬼火”很早就引起我们中国人的注意。在我国许多古书里，都提到过“鬼火”。著名的《聊斋志异》中，便有关于鬼火的故事。在我国汉朝的《和汉三才图会》这本书里，甚至还有两幅描绘“鬼火”的有趣的画。

“鬼火”，究竟是怎么回事呢？

迷信，常常是因为生产和科学水平低下，人们不能正确地解释大自然的现象时，凭主观的臆测而产生的。在我国古代，由于人们没有找到产生“鬼火”的真正原因，因此，便流传着许多关于鬼火的迷信说法：有的说这是阎罗王出巡的什么鬼灯笼；有的说是鬼烧窑；有的说是阴兵过境，幽灵现世；还有说这是鬼的恶作剧，想把人引入迷途。

随着生产的发展，科学的进步，特别是化学迅速发展以后，人们开始从化学的角度来探索“鬼火”的底细。

“鬼火”大都发生在坟地里，因此，最初人们推测“鬼火”是沼气在燃烧，因为动、植物腐烂后，常常产生沼气。可是，这种说法很快被推翻了，因为沼气的主要化学成分是甲烷，它虽然能够燃烧，却不会自燃。

1669年，德国人波兰特发现了磷以后，许多化学家便马上提出了这样的解释：人体的磷分解后，变成了白磷，白磷一见空气就自燃起来——这便是“鬼火”。然而，这种说法在事实面前也站不住脚，因为化学家们证明，人体中的磷大部分是以磷酸钙的形式存在于骨头里，磷酸钙是一种很稳定的化合物，不可能变为白磷的。再者，即使能变成白磷，白磷是固体，怎会飘在空中燃烧呢？

于是，人们开始从磷的一些气体化合物中寻找答案。1783 年，人类首次合成了磷和氢的化合物——磷化氢。因它很容易燃烧，一些化学家便认为“鬼火”是磷化氢燃烧造成的。在稍微老一点儿的化学教科书中，在一些报刊上化学类的通俗文章里，甚至连第一版的《十万个为什么》第二册里，都引用了这样的说法进行解释。

然而，随着科学研究工作的不断深入，现在人们发现：“鬼火”主要是联磷自燃引起的。之前的说法，不够确切。

原来，人和动物的身体中，含有许多磷的化合物：人的脑子里有许多磷脂，而人与动物骨头的主要成分是磷酸钙。没有磷脂，人就没有脑子，谈不上喜、怒、哀、乐；没有磷酸钙，人就没有骨头，成了一团“肉包子”。当人或动物死了以后，尸体便受微生物的作用，逐渐分解、腐烂。尸体里的磷分解时，会产生磷化氢和联磷。

磷化氢在常温下是无色的有毒气体，具有一股难闻的大蒜味。它在平常并不会自燃，要在 150 ℃以上才会燃烧。联磷在常温下是无色的液体，到了－99 ℃才凝为白色结晶。联磷很容易挥发，沸点很低，到 51.7 ℃就会沸腾。联磷挥发到空气中以后，很容易自燃，放出淡蓝色或者浅绿色的光芒，燃烧完生成白色的五氧化二磷。

这就是说，磷化氢是“木柴”，而联磷是“火柴”：“鬼火”，实际上是人或动物尸体分解后产生少量的联磷以及较多的磷化氢、甲烷等易燃气体，联磷在空气中自燃，由于它的燃烧引起磷化氢、甲烷等可燃气体的燃烧。

也正因为这样，把“鬼火”笼统地归结为磷化氢的燃烧，是不够严格、确切的。

在化学实验室里，也不难用化学方法来制造“人造鬼火”：在烧瓶里加入白磷和浓的氢氧化钾溶液，加热后，玻璃管便冒出气泡；实验室里顿时弥漫着一股臭蒜味儿。这时如果迅速地把窗户用黑布遮上，就会看到一幅像在田野上见到的“鬼火”一样的画面：从玻璃管上冒出一个又一个浅蓝色的亮圈，在空中游荡着。原来，这是一场化学反应：白磷和浓的氢氧化钾作用，生成了臭蒜味的气体——磷化氢，与此同时，也生成了部分联磷。联磷在空气中自燃，引起磷化氢的燃烧，这便形成了“人造鬼火”。

另外，也常常听到人们说“鬼火会跟人”。在俄国著名作家果戈理的一部中篇小说里，便有这样的描写：

一位老大爷中了恶魔的妖法，昏昏沉沉地陷入了鬼魅之境，蓦地看到小路边的坟堆上闪烁着点点星光。老大爷直起身子，双手叉腰，注目凝视——星光熄灭了；但是在离它不远的地方又重新出现了。老大爷往前走了几步，回头一看，那团星光竟然还跟在他的身后。

这，又是怎么回事呢？

原来，当尸体在地下分解后，生成的联磷和磷化氢便钻出土壤，升到空中。当人走过的时候，周围的空气也向人走的方向流动，这正如汽车开过时，身后总是带起一股风一样。这股风，把联磷和磷化氢也卷了进去，因此，看上去便犹如在追人似的。特别是有的人一慌张，撒腿就跑，那更是把联磷和磷化氢带了起来，跟在身后。如果你一点儿也不慌张，一动不动地站在那里，“鬼火”便不会追你；如果你对着“鬼火”吹一口气，便可以把它吹得老远。

这么看来，“鬼火”一点儿也不神秘。那些关于“鬼火”的种种迷信传说，倒正如一句歇后语所讲的一样：“阎罗王出告示——鬼话连篇!”

竹子开花不吉利吗

“一年一度花似锦。”绝大部分植物，都是一年开一次花。竹子也会开花，然而，竹子开花却不太常见。这样一旦哪儿竹子开花了，迷信的人便说，这是不祥的预兆，竹林附近的人家一定会死人，必须请道士做道场，喷“仙水”，才能“驱邪避灾”。

和梨、桃、麦子等植物开花一样，竹子开花是很自然的事情，不足为怪。所不同的只是一般的植物开花时，正是它们生命力最旺盛的时候，然而，竹子在正常的情况下是不开花的，一旦开花，便表示它的生命力已近枯竭。大概就是因为这个缘故吧，迷信的人便说竹子开花不吉利。

竹子的花有一点儿像稻麦的花，属于风媒花。开花后，结出像稻米一样的果实，人们称之为“竹米”。竹米是竹的种子，它能发芽、繁殖。竹子在衰老时开花，正是为了结子，以繁殖后代。竹米里含有许多淀粉，可做粮食。奇怪的是，也有迷信的人把竹米说成是“仙米”，说吃了后能“延年益寿”，和竹米是邪物的迷信传说相矛盾。其实，竹米的营养价值和大米差不多，既算不上是什么“仙米”，也不是什么“邪物”。

竹子开花，主要是由于营养不足而引起的，如久不施肥、土地干旱、竹林太密、病虫害、土壤硬结，等等。竹子开花，是它即将枯萎的表示，如果及时施肥、浇水、修剪、除虫，还是可以挽回生命的。竹子一般的寿命达五六十年，及时补救后，仍能使竹子的寿命得以维持，并且第二年不再开花。

同样的，铁树很少开花，一旦开花了，迷信的人又有得说了。所不同的是，他们认为铁树开花是吉利的象征。

其实，铁树只要到了一定的年纪——十多岁以后，就会年年开花。在我国广东、云南以及印尼、斯里兰卡一带，许多铁树都是年年开花。不过，由于铁树的老家是在热带，它特别怕冷，我国地处北半球比较冷，铁树一受冷便长得又矮又小，并且不开花。也正因为这样，铁树开花在我国才成了稀罕的事。

科学实践是粉碎迷信传说最有力的武器。现在，人们已经能够自如地控制竹子和铁树的开花：把竹子种在贫瘠的土地上就开花，种在肥沃的土地上就不开花；把铁树种在寒冷的地方就不开花，种在温室里就开花。在这种铁的事实面前，那些“竹子开花不吉利”“铁树开花吉利”的迷信传说，就站不住脚了。

“扫帚星”

天空中，有时会出现一个头尖尾巴大，像一把扫帚似的星星，它从天空的东方出现，消失在西方，常常可以接连循环几个星期或者几个月，以后便消失不见了。人们把这样的星星，叫作“扫帚星”，在天文学上，称它为“彗星”；我国古代则称之为“索星”“蓬星”。迷信的人，把扫帚星的出现看作是不祥的“天兆”，把它看成是“妖星”“入败星”。

1527 年，当天上出现扫帚星时，欧洲有许多人成天祈祷，在胸口画十字。牧师们到处谣传：“看到扫帚星上有一只有力的手臂，握着一把沉重的剑，在向人们飞来。”当时许多人还因此吓病了。1910 年，天上又出现了扫帚星，迷信的人更是到处说：“世界末日到了！”

扫帚星，真的是那么可怕吗？不。认真点讲，它还算不上是一颗星星哩！因为它只是一大团冷气夹杂着冰粒和宇宙灰尘，不停地环绕着太阳按椭圆形的轨道运行罢了。扫帚星分为两个部分，头部叫彗头或彗核，是一群小石子和沙粒，而另一部分就是那巨大的“尾巴”——一团很稀薄的气体。这些气体是这样稀薄：8000 立方米的彗星气体的质量，只和 1 立方厘米的地球表面的大气的质量相等！因此，彗星虽然看上去很大，很吓人，其实是外强中干，腹内空空。

扫帚星有好多颗，其中最大、最著名的一颗，叫作哈雷彗星，它是因 17 世纪英国天文学家哈雷首先计算出了它的运行轨道而命名的。哈雷彗星的运行，是非常有规律的。现在天文学家们早已算出，它大约每隔 76 年，就要来到太阳身旁一次。哈雷曾预言它在 1759 年会在天空中出现，后来，在 1759 年 3 月 12 日，它果然来到了离太阳最近的位置，人们在地球上用肉眼都看到了。现在，在天文学上，扫帚星再也不是神秘的东西了，人们完全掌握了它的规律。

扫帚星的尾巴很长，甚至比太阳和地球之间的距离还长！人们害怕扫帚星，不光是由于它那古怪的外貌，还怕它那长尾巴有朝一日会扫到地球上来，使地球遭到毁灭。其实，由于扫帚星的尾巴全是些非常稀薄的气体，它扫到地球上来，就像春风吹拂一般，算不了什么。1910 年，哈雷彗星的大尾巴便扫过地球，人们安然无恙，甚至连微风都没有感觉到！

菜窖里有“鬼”吗

农村里，有时人们到阴暗的菜窖里去取菜，会突然晕倒，甚至死掉。什么原因呢？迷信的人说：“准是菜窖里有鬼。”

我们说，世界上根本没有“鬼”这种东西。类似的怪事在别的地方也有，比如印度尼西亚爪哇岛上的毒谷、意大利那不勒斯附近的峡谷，狗走进去很快就会晕倒，人要是弯腰去救狗，也会感到头晕。德国的威斯特伐利亚，有个沼泽，人走过没有关系，鸟儿落下去却会死掉。这又是什么原因呢？经过化学家和生物学家的研究，所有这些怪事，都是二氧化碳干的。

二氧化碳是一种无色无味的气体，空气中大约含有 0.03%的二氧化碳（按体积计算），所以对人的影响不大。如果含量增加到 10%，就能使人失去知觉，并在半小时内因呼吸停止而死亡；如果增多到 20%，能叫人在几分钟内死掉。二氧化碳为什么这样厉害呢？因为它被人吸到肺里后，就进入血液，使血液里的碳酸盐变成重碳酸盐，引起血压增高，使人的中枢神经麻醉，结果，呼吸和脉搏变慢。呼吸慢，吸进的氧气就少；氧气少，脑神经就要死亡。这样，人还有不死的吗？人在呼气时，要吐出二氧化碳；植物也会吐出二氧化碳，菜窖不通风，二氧化碳越积越多，人进去自然会头晕、气闷甚至死亡。至于爪哇岛和那不勒斯的峡谷里的二氧化碳，是从地下冒出来的，在空气中的含量为14%，而德国那沼泽上的二氧化碳的含量为8%。同时，又因为这种气体比空气重，常常聚集在低洼的地方。狗和鸟儿比人矮，在峡谷和沼泽里，会首先吸进大量二氧化碳而晕倒、闷死。

要想知道菜窖里二氧化碳多不多，最简便的方法是进去的时候点支蜡烛，或者提个鸟笼，慢慢前进。如果这种气体过多，蜡烛会熄灭，鸟儿会在笼内晕倒。

“天火”

你见过这样的怪事吗？稻草堆、茅草屋，好端端的会自己燃烧起来。有人把这火叫作“天火”，说是谁家做过坏事，就要起天火。也有人说，天上有种九头鸟，颈子上不断滴鲜血，血滴在谁家的屋子上，谁家就会着天火。

“天火”究竟是怎么回事呢？一般情况下，稻草、木头是不会自己燃烧的。只是在特殊的情况下，会自己燃烧起来。

也许你有这样的经验：把手伸进稻草堆或麦囤里，常常感到里头比较热，甚至有点烫手。这是什么原因呢？

原来，这些东西平常在空气中会缓慢地氧化，氧化时会放出一定的热量。在稻草堆和麦囤里，往往通风不良，这样，氧化时所产生的热不易散发，日积月累，温度越升越高。当温度到 100 多摄氏度或者 200 多摄氏度时，稻草、麦子便会燃烧起来——这就是所谓的“天火”。

从化学的观点来看，稻草等植物的缓慢氧化，在本质上和木柴的燃烧、炸药的爆炸一样，都是一个氧化的过程，只不过氧化速度不同：一堆稻草如果不自燃，它完全氧化常常需要几百年；一堆木柴完全燃烧，只需要几十分钟；1 千克梯恩梯（三硝基甲苯）炸药完全爆炸，只需要十万分之一秒！

煤堆也会自燃。1935 年，美国加利福尼亚州的一个煤栈，突然“无缘无故”地燃烧起来。这个煤栈的大门是日夜都紧锁着的，几乎没什么人进出，从外面不可能带进什么火星，整个煤栈只有一个把门的老头看守着。在失火之后，煤栈老板一口咬定是那老头故意放火，美国法院判处看门老头 15 年徒刑。其实，那位年近古稀的老人是无辜的，真正的“纵火犯”是煤堆自己——自燃！“天火”，是人类的敌人。现在，人们为了防止“天火”，在火车站或者煤矿附近的巨大煤堆里，常常插着一根根竹管。这些竹管，能使煤堆里的空气畅通，不使热量积累造成“天火”。